오늘은 괜찮은 하루

오늘은 괜찮은 하루

길을 찾는 사람의
일상과 시선

권순표 에세이

메디치

프롤로그

기억은 안개처럼 주관적이다. 상당 부분은 복습에 의해 채색됐거나, 혹은 다른 사람의 말에 의해 형성된다. 내가 서너 살 되던 해일 것이다. 어머니를 따라 시장을 갔다 길을 잃었다. 당시의 공포는 꽤나 날카로웠던 듯하다. 복습이나 전언에 의한 것이 아닌 직관적 공포가 지금도 뇌리 어딘가에서 잠복해 있다가 가끔 꿈에서 나타난다. 당시 누군가가 나를 시장통 파출소에 데려다줬고 놀란 어머니가 나를 찾으러 왔다고 들었다.

나는 심각한 길치다. 어린 시절 길을 잃었던 트라우마가 작동했을 수도 있고, 혹은 선천적 요인인지 알 수 없다. 스마트폰은 물론 네비게이션이 없던 시절 나의 삶은 사소한 고난의 연속이었다. 여의도 시절 MBC 앞 모 식당에서 모이자고 하면, 나는 어떻게 찾아가냐고 묻곤 했다. 이때마다 동료들은 상당히 놀랐다. 왜냐하면 그 식당이 이미 대여섯 번은 함께 가 본 곳이었기 때문이다.

생활에 있어 웃지 못할 에피소드가 줄을 이었다. 대학 시절 좌석 수가 엄청나게 많은 큰 맥주홀에서 미팅을 한 적이 있는데, 화장실에 다녀와서 원래 있던 자리를 찾지 못해 상당 시간을 헤매며 식은땀을 흘린 일도 있다. 친구들과 강원도 민박에 놀러 갔던 때의 일화도 전설이다. 가위바위보에서 져 술을 사러 나왔다가 민박집으로 돌아가는 길을 잃었다. 친구들은 나를 소리쳐 부르며 민박집 일대를 헤매야 했고, 지금까지도 이 사건은 그들의 좋은 안줏거리가 되고 있다.

어른이 된 뒤 나는 다시 한번 길치로 인한 공포를 경험해야 했다. 신혼 시절 나는 사회부 기자였다. 당시 상계동에 살고 있었는데 한 달에 한두 번 돌아오는 휴일이면 인근 수락산을 뛰어올라가곤 했다. 두세 시간이면 왕복이 가능해 지갑 하나 물 한 병 들지 않고 동네 마실 가듯 산악마라톤을 하곤 했었다.

한겨울이었던 그날도 여느 날처럼 수락산을 뛰어

올라가고 있는데, 갑자기 섬뜩함을 느꼈다. 순식간에 주변에 사람이 하나도 없어졌다. 이름 모를 새소리는 스산했다. 의식하지 못하는 사이 등산로를 벗어나게 됐고, 길을 잃었음을 알았다. 엄마를 잃어버렸던 아이 시절 공포가 몰려왔고 몹시 당황했다. 곧 어둠이 올 시간이었다.

절박해지자 산에서 길을 잃으면 물을 따라 내려오라는 말이 생각났다. 그래서 정말 필사적으로 얼어붙은 계곡물을 따라 내려왔다. 넘어지고 미끄러지고 온몸이 멍들 때쯤 산 아래 불빛이 보였다. 대여섯 시간을 산속에서 헤맨 듯했고, 허기가 몰려왔지만 주머니 속에는 천원짜리 한 장 없었다. 동네를 살펴보니 남양주였다. 상계동에서 오른 산을 남양주로 내려온 것이었다.

지친 몸을 이끌고 터덜터덜 걷는데 집에 갈 길이 막막했다. 체면치레는 엄두도 내지 못한 채 히치하이킹을 시도했다. 하늘은 나에게 '길치'라는 고난과 함께 '행운'이라는 무기를 줬다. 웬 아주머니가 차를 세워줬는데, 기적적으로 목적지가 상계동이었다. 내 몰골을 보고는 무슨 일이냐고 물었다. 솔직할 수밖에 없었다. 등산하던 중에 길을 잃었다고…. 체면을 잃고 대신 차를 얻어 탈 수 있었다.

길을 잃는다는 것은 나의 뇌리에 각인돼 있는 공포다. 그렇다고 외운 길을 갈 형편도 되지 않는다. 길치는 길을 기억하는 데 장애가 있기 때문이다. 그래서 방향을 중요시한다. 이리저리 지름길을 찾을 엄두도 내지 못한다. 굳이 정해진 길을 걸으려 하지 않는다. 어떤 지점을 지향하며 그저 뚜벅뚜벅 걷는다. 이 글은 나의 지향과 그 여정에서의 중얼거림이다.

지난 몇 년 캄캄한 어둠 속에서 같은 곳을 지향했던 MBC 동료들과 〈뉴스하이킥〉 제작진에게 정말 고마움을 느낀다. 그리고 귀중한 시간을 할애해 나와 잡담을 나눠주실 독자들에게 감사의 악수를 청한다.

2026년 1월

권순표

차례

3부 중심과 시선

1부 비움과 배움

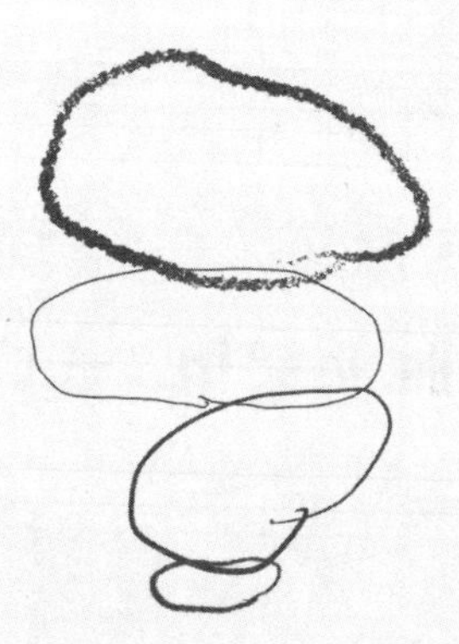

세계는 사물의 집합체가 아니고, 사건의 집합체다. …
돌은 원형적인 '사물'이고, 키스는 '사건'이다.
－카를로 로벨리, 《시간은 흐르지 않는다》

The world is not a collection of thing, it is a collection
of events. …A stone is prototypical 'thing',
kiss is an 'event'.
－Carlo Rovelli, 《The Order of Time》

비움의 기쁨

나는 시끄러움을 싫어한다. 평생 방송을 해온 직업병 때문인지도 모른다. 말을 해야 하는 강박적 상황에서 벗어나면 가능한 조용한 환경을 선호한다. 또 말을 해야 할 때도 진지한 얘기보다는 농담을 선호한다. 농담을 좋아하는 이유 중 하나는 농담에는 '소음' 혹 '시끄러움'이 덜하기 때문이다.

진지한 척하는 대화에는 소음이 많다. 진심의 농도가 묽거나 혹은 서로 대화의 목적이 다를 때 특히 소음이 많다. 그래서 목적이 분명하거나 혹은 진심으로 상대의 마음을 느끼고 싶을 때를 제외하고는 농담을 좋아한다.

하지만 내가 물리적 시끄러움보다 더욱 피하고자

하는 것은 정신의 시끄러움이다. 쓸데없는 정신의 잡음들. 이들 소음의 대부분은 나 자신과의 대화로 구성돼 있다. 대화의 주체가 누구인지도 모를 언어들. 소음이다.

혼자 있는 시간 동안 잠시만 스스로를 관찰해 보라. 쓸데없는 대화가 얼마나 많이 머릿속에서 오가는지! 어딘가에 집중해 이 대화를 소거하면 놀라운 즐거움이 찾아온다. 이 즐거움과 동시에 몸과 정신에 에너지가 채워짐을 체감할 수 있다.

나는 15~16년 전부터 명상을 시도했다. 그리고 내가 제대로 길을 가고 있는지 가늠하기 위해 꽤 많은 명상 서적을 읽어왔다. 그 책들의 가르침처럼 명상은 혹은 불교의 진리는 지극히 체험적이라는 말을 어렴풋이 느끼게 된다. 그루(Guru)들이 설파하는 진리의 근처도 가보지는 못했지만 그곳에 무엇인가가 있다는 것은 어렴풋이 느낄 수 있다. 하지만 그보다 훨씬 나를 명상에 붙잡아 놓았던 것은 그 실용성 때문이다.

나는 아침에 눈을 뜨면 큰 방석을 펴고, 그 방석 위에 작은 방석을 얹는다. 그 위에 다시 나의 몸을 얹고 결가부좌를 한다. 그리고 호흡에 집중한다. 허리와 가슴은 숨을 따라 자연스럽게 펴진다. 마음속의 대화는 한동안 소음을 지속하다 잦아들기 시작한다. 그렇게 30분쯤 지나면 꽤 깊은 즐거움이 온몸에 스며든다. 딱 50분을 앉아 있는다.

나는 불교도가 아니다. 하지만 붓다의 말씀과 가르침을 신봉한다. 이 시간이 하루의 에너지를 충전하는 시간이라 해도 과언이 아니다. 명상의 시간으로부터 멀어지는 오후로 접어들면 오전에 명상을 통해 충전해 놓은 배터리가 점점 바닥을 향해 가는 것과 비슷한 느낌을 경험하곤 한다.

명상을 하다 보면, 문득 '이거 오늘도 살 만한데…' 이런 담대함이 차오른다. 명상의 분명한 효능 중 하나는 담대함인 듯하다. 마음에 소음이 없어지는 것과 맞물려 있는 현상으로 나는 해석한다. 소음은 거짓 정보이고 본질과 관계있는 명확한 신호를 방해한다. 그래서 소음을 소거하면 본질에 대한 확신이 생기고, 해야 할 일을 거침없이 하게 되는 느낌…. 일종의 담대함이 생긴다.

명상이 제대로 되는지 확인하는 주요한 방법 중 하나는 몸 어딘가에 힘이 들어가 있는지 살피는 것이다. 힘이 들어가 있는 부분을 알아차릴 때는 예외 없이 정신에 소음이 끼어들었을 때다. 기막히게 맞는다. 힘을 빼면 힘이 생긴다. 모든 운동의 기본은 힘을 빼는 것이 아닌가? 정신 운동의 기본도 역시 물리적 힘을 빼는 것이다. 힘을 빼고 숨을 쉬면 뼈와 내장이 제자리를 잡아가는 것도 느낄 수 있다.

깊은 명상에 들어가면 김환기 화백의 푸른 추상화 비슷한 이미지에 휩싸이며 고요가 찾아온다. 그리고 자아의 개념이 열어진다. 놀라운 일 중 하나는 자아가 열어질 때 대단한 즐거움을 느낄 수 있다는 점이다. 내 얕은 진화 생물학적 지식으로는 이해가 가지 않는 현상이다.

한번은 이 현상이 궁금해서 진화생물학의 권위자인 최재천 선생께 여쭤본 적이 있다.

“개체들은 자아 개념을 통해 생존의 가능성을 높였을 터인데, 왜 명상을 통해 자아의 느낌이 소멸하면 이처럼 큰 기쁨이 오게 인간은 설계되었는지요?”

선생의 대답은 다른 분을 소개해 주신다는 말씀이었다. 내 질문의 엉뚱함에 약간 당황하신 것도 같았고…. 하지만 나는 선생이 소개해 주신 그분께 질문하지 못한 채 꽤 오랜 시간이 흘러가고 있다.

해답을 알지 못하여 지금도 멍하니 그 질문에 대해 생각할 때가 있다. 답은 모르겠지만 이는 내가 살아오며 겪은 어떤 현상과도 맞아떨어지긴 한다. 어떤 일을 할 때, 자아를 잊으면 자존감은 올라갔던 경험들과 일맥상통한다. 그 일의 목적에 충실한 채 자아를 버렸을 때, 즉 '이 일을 하면 내가 어떻게 보일까'보다는 '내가 왜 이 일을 해야 하는지'에 몰두할 때, 혹은 그 일 자체에 몰두할 때 자존감은 훨씬 높아지고 마음은 평화로워지던 경험이 많다. 자존심을 내세울수록 자존감은 떨어진다.

나는 하루 한 끼를 먹는다. 점심 약속을 하건, 저녁 약속을 하건 그것이 그날의 한 끼다. 속이 텅 비어 있을 때 정신은 명료해진다. 명상이 정신의 소음을 제거하는 것이라면, 금식은 물질적 찌꺼기를 제거한다. 결핍은 중요한 에너지 흐름을 만들어 낸다. 비어 있는 곳에는 무엇인가 채워지려고 모인다. 대화도 마찬가지다. 물론 나도 선후배들과 좋은 얘기를 하며 즐거운 식사를 하는 것을 무척 좋아한다. 하지만 강박적으로 식사 약속을 만들며 매일매일을 꼬박 채워놓지는 않는다.

기자 중에는 식사 약속을 하지 않으면 불안하게 느끼는 사람들이 많다. 정보를 다루는 직업 특성상 사람을 만나지 않으면 기자 생활에서 뭔가 뒤처지는 것 같은 느낌이 들기 때문이다. 하지만 나는 나이가 든 뒤 사람을 만나 애써 네트워크를 만들어야 한다는 강박을 버렸다. 필요한 사람은 굳이 밥을 먹거나 술을 먹지 않아도 친해진다. 이렇게 친해진 사람과 식사를 해야 그 자리가 즐겁다. 반면에 습관적으로 사람을 만나 이런저런 소문과 풍문을 나누다 보면 이런 대화는 오히려 소음일 때가 많다. 소음은 본질적 신호를 방해하고 상황에 대한 정확한 판단에 오히려 방해가 된다.

어느 해인가 노르웨이로 휴가를 갔을 때
백야의 새벽에 명상을 하던 모습이다. 피요르드
협곡으로 산 중턱까지 바닷물이 들어오고,
갈매기가 날아들던 몽환적 풍경이었는데,
이때의 평화로움이 오래오래 기억에 남는다.

백척간두에서 한 걸음 나아간다는 것

명상의 스승이 없던 나는 내가 제대로 된 길을 가고 있는지 확신을 할 수 없는 경우가 많아서 국내외의 여러 책을 사서 보았다. 원래 목적은 명상의 방법론을 좀 배워볼까 하는 실용적 관점에서 시작했던 독서이지만 명상과 관련된 책들은 그 실용적 목적을 넘어선 어떤 지혜를 줄 때가 많다.

백척간두 진일보는 약 30m 높이의 장대 위에 올라선 절체절명의 상황에서 한 걸음을 더 나아간다는 뜻으로 옛 중국 선사가 어느 날 제자에게 물었다고 전해진다.

"백 척이나 높은 작대기 끝에서 어떻게 하면 걸을

수가 있겠는가?"

제자들이 대답하지 못하자 스스로 대답했다고 한다.

"백척간두에서 다시 한 발자국 나가보라. 그렇게 되면 시방세계의 모든 진리를 보게 되리라."

이 대화는 원래 선승들이 극한의 경지에 이르렀지만 여기서 만족하지 않고 진리를 향해 한 발 더 다가선다는 뜻으로 해석된다. 하지만 이 문장 속에서 내 마음을 움직인 부분은 조금 다르다. 나에게 있어서 백척간두 진일보라는 선승의 문답은 진리를 향한 몸부림, 간절함 이런 것보다는 오히려 담대함 혹은 무심함에 가까운 듯 느껴져 더욱 좋았다.

나는 이런 삶의 태도를 좋아한다. 이번 생에 해탈은 글러 먹은 모양새이고, 또 삶을 초월하는 어떤 가치에 대해 매진할 의지도 크지 않다. 그래서 나는 늘 농담을 좋아한다. 삶에 진지할 일이 그리 많겠는가? 농담 90%에 진지함 10%, 어묵 국물에 간장 한 스푼, 이 정도 비율이면 삶의 간이 맞지 않겠는가? 폼 잡는 사람들에 대한 존경이 별로 없다는 얘기다.

삶의 기적을 믿지도 않는다. 그저 해야 될 만한 일이 있으면 툭 던지듯 하는 심정. 내가 옳다고 그리 소리치지 않고 미소 지으며 한 발 내딛는 마음. 내 삶의 모토는 '미소 지으며 걷는다'이다.

세상 엄숙한 얼굴을 하고 진지한 충고를 하는 자들을 그리 신뢰하지 않는다. 비슷한 의미에서 나는 대단히 목표 지향적이다. 의미 없는 형식에 얽매여 목표가 무엇인지 잊은 채 시간을 허비하는 경우를 너무나 많이 봐왔다.

다음은 전쟁학의 고전으로 평가받는 클라우제비츠의 《전쟁론》 서문에 나오는 내용이다.

> 밀알의 화학적 성분으로부터 열매를 맺은 이삭의 모양을 밝혀내려고 하는 것은 명백한 잘못이다. 왜냐하면 다 자란 이삭을 보려면 밀밭으로 가기만 하면 되기 때문이다. (중략) 일체의 일상적인 것. 상식적인 것. 횡설수설로 이루어진 체계를 유기적이며 완벽하게 만들려는 노력들로 넘쳐흐르고 있다. 이에 관한 적절한 예를 만나려면 리히텐베르크의 소방 규정에서 일부만 읽어보면 될 것이다.
>
> 어느 집에 불이 나면 먼저 그 왼쪽 집의 오른쪽 벽과

오른쪽 집의 왼쪽 벽을 덮어야 한다. 왜냐하면 예를 들어 왼쪽 집의 왼쪽 벽을 덮으려고 하면 그 집의 오른쪽 벽은 오른쪽 집의 왼쪽 벽과 맞닿아 있기 때문이다. 따라서 불이 이 벽과 오른쪽 집의 오른쪽 벽에 닿아 있기 때문에 (그 집은 불난 집 왼쪽에 있다고 가정했기 때문에) 오른쪽 벽은 왼쪽 벽보다 불에 더 가깝다. 그 집의 오른쪽 벽을 덮지 않으면 불이 왼쪽 벽으로 오기 전에 오른쪽 벽에 불이 날 수도 있을 것이다. 따라서 덮어두지 않은 벽에 불이 날 수도 있을 것이다.

게다가 그곳을 덮지 않으면 다른 곳에 불이 날 수도 있을 것이다. 그래서 그곳을 놔두고 다른 곳을 덮어야 한다. 한마디로 말해 다음과 같은 점을 유념해야 한다. 어느 집에 불이 나면 그 오른쪽 집의 왼쪽 벽을 막아야 하고 왼쪽 집의 오른쪽 벽을 막아야 한다.

클라우제비츠의 이 서문을 읽으면서 나는 깔깔 웃었다. 그가 하고 싶은 말은 이것이었을 것이다. "불이 나면 가서 불을 끄면 되지 웬 헛소리들을 이렇게…." 클라우제비츠는 물론 자신이 쓰기 이전에 출간된 전쟁 관련 책들이 어렵기만 하고 본질은 허약하다는 말을 하고 싶었을 테지만, 더 나아가 요점은 이렇게 추정된다.

절대적으로 시간을 요하는 일들도 많겠지만 상당 부분은 의사결정에 소요되는 시간의 10분의 1 정도만 소모하면 해결될 일들이 많다. 특히 어떤 조직이건 높이 올라갈수록 여유시간을 가지고 중요한 일과 목표에 대해 고심해야 한다고 생각한다. 높은 자리에 앉은 가장 무능한 사람 중 하나가 자신이 정말 무엇을 고민해야 하는지 또 어떤 일에 시간을 쏟아야 하는지 모르는 사람일 것이다.

무능한 상사는 아랫사람의 일을 빼앗아 자신이 대신하면서 늘 바빠 미치겠다는 말을 입에 달고 산다. 무엇을 해야 할지는 모르고, 놀기는 불안하니 아랫사람이 해도 되는 일에 전념하며 자기 위안을 하는 것 아닐까? (직급이 낮을수록 절대적으로 시간이 드는 일이 많다)

이 비슷한 유형 중 하나는 이른바 신중론자다. 언뜻 보면 진중하고 점잖은 상사들이다. 물론 중대한 결정을 할 때의 신중함은 폄하할 일이 절대 아니다. 다만 무능한 신중론자는 신중을 핑계로 해야 할 결정을 미룬다. 신중히 검토하겠다면서 책임을 무서워하며 사태가 자연스럽게 해결될 때를 기다린다.

심하게 얘기하면 비겁한 무능이다. 물론 시간이 지날 때를 기다려야 하는 경우도 있다. 그러나 시간이 흘러야 해결될 일인지 여부를 판단하고 그런 경우에 기다린다는 것과 판단을 하지 않고 시간을 보낸다는 것은 전혀 다른 이야기일 것이다. 행동하지 않는 신중은 신중이 아니다.

위 얘기들은 내가 나에게 했던 경계들이었다. 오랜 세월 언론에 있으면서 내 행동 원칙 중 하나는 이것이었다. 나만이 결정할 수 있는 큰 사안은 충분히 고민한다. 다만 실무자들이 여럿 얽혀 있는 작은 사안들은 가능한 빨리 결정한다.

생과 사 그리고 마다가스카르

2013년 마지막 날, 나는 마다가스카르에 있었다. 수도 안타나나리보에서 모론다바로 취재를 가야 하는 상황이었다. 그런데 국내선 비행기가 결항됐다. 그래서 밤 12시 허름한 스타렉스에 몸을 실었다. 600km가 넘는 거리였고, 도로 사정이 좋지 않아 15시간이 넘게 걸리는 긴 여정이었다. 그 칠흑 같은 밤, 몇 시간을 달리다 만난 휴게소의 풍경을 나는 잊지 못한다.

교대해 운전할 현지 운전기사가 2명 동행했는데, 식사를 좀 하고 가도 괜찮겠느냐고 양해를 구했다. 그렇게 하라고 했더니 같이 먹자고 했다. 나는 그 정체 모를 음식을 먹을 엄두를 내지 못하고 그저 피곤에 찌든 정신으로 멍하니 차창 밖을 내다봤다. 아프리카는 화성같이 낯설었고, 나는 몹시 쓸쓸했다.

현지 기사들은 내가 취재를 가서 묵던 민박집에 고용된 사람들이었다. 식사하고 돌아온 뒤, 이들은 밤새 운전을 해야 하는 상황에 짜증이 나 있었던 듯 민박집 주인에 대한 험담을 털어놓았다. 원래 이 길은 절대 야간에 가지 않는 길이라고 했다. 노상강도도 많다고 했다. 이 얘기를 들으니 민박집 사장이 돈 욕심에, 별거 아니란 식으로 차량 이동을 권유했구나 하는 생각에 불쾌해졌지만, 피곤함이 짜증을 이겼다. 나는 스타렉스 차량 안에서 잠에 빠져들었다.

그리고 몇 시간이 흘렀다. 새벽 5시 반쯤 나는 비명소리에 잠을 깼다. 뭔가 허공을 맴도는 느낌이었다. 겨우 잠에서 깨어나니 차가 구르고 있다는 것을 알 수 있었다. '아! 끝이구나' 생각이 드는 순간 차량이 멈춰 섰다. 온몸을 만져봤다. 피는 나지 않았다. 움직여 보니 팔다리가 제대로 움직였다. 전복된 차량에서 빠져나가야 했다. 안간힘을 쓰고 있는데 동네 사람들이 몰려왔다. 큰 사고가 나자 우리를 구해주러 새벽 시간에 마을 사람들이 뛰쳐나온 것이었다.

나는 수도 타냐에서 목격한 마다가스카르의 부패

에 학을 뗐었다. 어디를 가나 잔돈푼을 속이려고 하고, 경찰들은 노골적으로 뇌물을 요구했다. 하지만 이곳 시골은 달랐다. 마을 주민들은 목숨을 구해야 한다는 강한 유대감으로 몰려들었다. 지갑과 카메라 등이 벌판에 흩어져 있는데 이를 고스란히 모아주고, 먹을 물을 가져다주며 우리를 보살폈다.

차량에서 빠져나와 보니 차는 여러 번 뒤집히며 굴렀고, 들판 한가운데서 겨우 멈춰 서 있었다. 이곳이 도시의 아스팔트였으면 죽음을 피할 수 없었겠구나 하는 생각이 들었다. 나중에 들은 얘기지만 도로 인프라가 잘 관리되지 않는 이곳에서는 사고가 잦았고, 특히 사고 위치는 하루건너 한 번 사망사고가 줄 잇는 곳이라고 했다. 우리 일행 4명이 모두 무사했던 건 천운에 가까웠다.

현지 병원을 찾았다. 병원이 너무 허름해 엑스레이가 제대로 찍힐까 걱정이 됐다. 하지만 엑스레이를 찍고 너무도 선명한 내 뼈 사진을 받아보니, 오히려 방사선 농도가 너무 짙어 방사능 부작용으로 죽을지도 모른다는 생각이 들었다. 다행히 부러진 곳은 없었다. 하지만 갈비뼈와 허리 부분이 걷지 못할 정도로 아파, 그 후로도 오랫동안 고초를 겪었다.

며칠 뒤 프랑스로 귀국한 뒤 같이 취재를 갔던 영상취재 스태프 박정수 씨와 술자리를 가졌다. 그때 그가 비밀스럽게 해준 말은 꽤 충격적이었다. 우리가 사고가 날 즈음 그의 아내가 너무나도 생생한 꿈을 꿨는데, 교통사고가 났고 '관'이 줄줄이 보이는데 남편만 홀로 살아나왔다고 했다. 더욱 놀라운 것은 운전기사 2명을 비롯해 취재진이 모두 4명이었는데, 관의 수가 딱 4개였다는 것이다. 그때 나는 농담 반 진담 반으로 "새 삶을 살아보자!" 이런 생각을 했었다.

이 사고 이후 나는 1년에 한 번씩 허리가 삐끗해 잘 걷지도 못하는 일이 반복됐다. 그래서 프랑스에 있을 때는 '오스테오파트'라고 하는 접골원을 오갔다. 그 후 귀국하고도 이런 증상은 반복됐는데 엉뚱한 곳에서 해결책이 나왔다.

명상은 그전부터 해왔지만, 완전한 결가부좌를 하고 1시간에 가깝게 앉아 있을 수 있게 된 것은 2018년쯤부터인 듯하다. 결가부좌를 하고 매일 명상하면서부터는 고질적인 허리 고장이 완전히 없어진 것이었다. 또한 신기하게도 1주일쯤 명상을 게을리하면 허리가 아프려는 조짐이 보이곤 했다. 그래서 어쩔 수 없이 가능하면 매일 명상을 한다는 루틴이 생겼다. 죽을 뻔한 사고가 내게 명상의 성실성을 강제하고 있는 것이다.

들판 한가운데 뒤집힌 자동차.
마을 사람들이 몰려와 사고 차량에 탑승한
우리들을 구해주었다.

지향하되 집착하지 않는다

대학 시절 나는 학교 뒷산을 뛰어오르기를 좋아했다. 아무런 목적도 없었다. 고시공부를 시도조차 하지 않았고, 전공에는 더 관심이 없다 보니 하고 싶은 일은 무엇이든 할 수 있었다. 돈이 들지만 않는다면…. 그래서 친구들과 동네 구멍가게에서 소주를 오랜 시간 먹었고, 시간에 구애받지 않고 느긋하게 보고 싶은 책을 봤다.

특히 겨울 뒷산을 좋아했는데 겨울 뒷산은 나처럼 시간에 쫓기지 않는 듯 초연한 척하는 것이 좋았다. 시간을 단축하려는 의지도, 조금 더 오래 뛰려는 의지도 없이 그냥 뛰는 것이 나는 좋았다. 목적이 없어 좋았다.

그렇게 겨울 산을 뛰고 나면 운동부 서클의 샤워 시설로 갔다. 당시 내 기억으로는 온수가 나오지 않아 그곳에서 겨울에 샤워를 하는 사람은 아무도 없었다. 그곳의 고즈넉함이 좋았다. 냉수마찰을 했다. 젊은 피에 얼음장 같은 냉수가 쏟아지며 감각을 뒤흔들어 놓는 중독성이 있었다. 그리고 나면 명징함이 찾아왔다. 뭐 딱히 진지한 공부를 할 것도 아니었으면서 그 명징함으로 책을 읽는 것을 좋아했다.

나는 지금도 대학 시절 몹시도 추웠던 어느 겨울을 기억한다. 그날도 별 목적 없이 산을 뛰고 내려와 샤워장에서 찬물로 냉수마찰을 하고 있었는데, 어떤 여학생이 한겨울에 물소리가 들리니 아무 생각 없이 샤워장 문을 벌컥 열었던 것이다. 그리고 몸의 열기로 허연 김을 뿜어내며 샤워를 하고 있는 나를 발견한 것이다. 이어지는 비명 그리고 도주…. 나는 그 여학생이 누구였는지 지금도 궁금하다.

그때 검도를 알게 됐다. 그저 나와 어울리는 것 같아 검도부에 들렀더니 운동부 특유의 군기 문화가 단박에 느껴졌다. 바로 탈퇴했다. 그것으로 검도와 나의 인연은 끝인 줄 알았는데 이상하게 눈에 밟혔다. 그래서 학교 근처 검도장을 찾아다녔다. 검도 낭인 비슷했다. 몸은 젊었을 때부터 빠르다는 소리를 가끔 들었고, 죽도를 통해 상대의 마음을 느낄 수 있다는 점이 너무 좋았다.

의지는 도구를 통해서도 확장된다. 죽도 끝에는 대련하는 상대의 마음이 전달된다. 도구를 통해 그 도구를 사용하는 자의 의지가 읽힌다. 내가 맞건 때리건 죽도 끝에 전달되는 상대의 마음은 정제돼 있다. 그것이 떨림이건 위축됨이건 호승심이건 그의 마음은 집중을 통해 정제돼 있다.

나 같은 하수가 검도를 논하는 것은 우스운 일이지만, 나는 검도를 몹시 좋아한다. '지향하되 집착하지 않는 마음'을 나는 검도를 통해 배웠다. 상대의 어디를 가격할지 집착하는 순간 절대 그곳을 때리지 못한다. 상대를 때리겠다는 지향은 있되 집착하지 말아야 한다. 마음을 비우고 빠르게 그리고 단호하게 죽도를 던져야 한다. '지향하되 집착하지 않는다'는 나의 인생 지침 중 하나다.

검도를 시작한 지는 30년이 넘었지만 나의 실력은 딱 2단과 3단 수준에 머물러 있다. 왜? 꾸준하지 않았기 때문이다. 몇 달 다니다 그만두고 몇 년을 쉬다 하는 식이었다. 지난날을 뒤돌아보면 여러 아쉬움이 있겠지만 나는 검도를 꾸준히 하지 않은 것을 꽤 후회한다.

나의 권유로 뒤늦게 검도를 시작한 나의 절친은 이미 5단을 넘어 6단을 향해 가고 있다. 고수의 길로 접어들고 있는 것이다. 내가 가장 부러워하는 부분이다. 단이 중요한 것이 아니라 고수가 됐으면 검도를 지금보다 훨씬 더 즐길 수 있었을지도 모르는 아쉬움 때문이다. 이 친구와 나는 시골에 작은 검도장을 지어놓고 주말을 보내고 책을 읽고 하는 꿈을 꾸고 있다.

나는 운동이 정신에 미치는 효능감을 좋아한다. 정신이 침체되어 있을 때 몸을 혹사하는 것만큼 좋은 약은 없다. 하지만 요즘 나이가 듦을 느끼고 있다. 어린 시절에는 정신이 침체되어 있는 상태에 비례하여 운동 강도를 강화하면, 웬만한 상태에서는 기분이 좋아졌다. 하지만 나이가 드니 가끔은 운동의 강도가 너무 혹독하면 오히려 기분이 침체됨을 느낀다. 그래서 요즘은 정신의 고양을 위해서 어느 정도 운동을 한 뒤 책을 읽는다.

모든 운동이 그러하겠지만,
검도는 단순한 동작을 반복하는 데서
깊이 있는 쾌감을 선사한다.

책 읽기라는 놀이

배우기만 하고 생각하지 않으면 어둡고,
생각만 하고 배우지 않으면 위태롭다.
學而不思則罔, 思而不學則殆
—『논어』「위정편」

사람들은 책을 읽는 것을 꽤 큰 정신적 노동으로 생각하는 듯하다. 하지만 나는 동의하지 않는다. 책을 읽는 행위는 상당히 편안하고 수동적 유희에 가깝다. 즉, 영화를 보거나 음악을 듣는 것보다 조금은 더 정신적 에너지를 필요로 하지만, 책을 읽는 행위 역시 수동적 '유희'라고 생각한다.

이런 생각은 평생 기자로 일하면서 무엇을 쓴다는

것이 얼마나 피곤한 일인지 체감했기 때문일 것이다. 나의 경우 정신노동 중 가장 강도가 높은 것은 무엇인가를 쓸 때다. 물론 책을 읽고 그 의미를 자기화하고, 분석하고, 비판하는 경우는 상당한 정신노동을 동반한다. 하지만 책을 읽는 단계에서는 그저 즐겁다.

물론 괜찮은 책일 경우의 얘기이긴 하지만 나는 책을 읽을 때 처음에는 저자에 대한 맹목적 수동성을 가지고 일단 그 내용을 흡입한다. 이 단계가 가장 유희에 가깝다. 그러고 나서 정신노동을 시작한다. 머릿속에 넣어 놓은 내용을 이리 흔들고 저리 비틀고 하며 분석하고 비판한다. 이 단계는 무엇인가를 쓰는 단계 바로 밑의 스트레스를 동반한다. 그래서 피곤할 때는 그저 읽기만 할 때도 많다.

나는 노는 것을 좋아한다. 논다는 것의 필수요건 중 하나는 실용성에 대한 집착을 동반하지 않는 것이다. 내가 가장 행복할 때는 가치 있는 놀이를 시간에 구애받지 않고 느긋하게 할 때다. 그래서 나에게 있어 최고의 놀이는 운동과 책 읽기다.

하지만 나와 다른 생각을 가진 사람도 많다. 영화를 보건 책을 보건, 보는 행위와 분석을 동시에 시작하는 사람들을 주변에서 많이 본다. 이렇게 할 경우 나에게는 영화를 보거나 책을 보는 행위가 노동이 돼버린다. 그래서 가까운 사람들에게 이렇게 말한다. 볼 땐 그냥 보라고, 그것도 맹목적으로 보라고…. 물론 나중에 비판적으로 되새기지 않으면, 놀이의 잔재는 재활용 쓰레기로 남을 뿐이다. 그래서 놀이 뒤엔 노동이 필요하다.

나는 목적 없이 책을 읽는 것을 좋아한다. 일단은 비판적 사고도 멀리한 채 그저 책을 즐긴다. 느긋하게 책 읽기 놀이에 빠진다. 정말 좋아하는 일을 온전하게 즐길 수 있는 점은 멋진 일이다. 그리고 나는 요약할 수 있는 책을 싫어한다. 아무리 훌륭한 아이디어와 괜찮은 구성을 가진 책이라도 쉽게 요약할 수 있으면 내 취향의 책이 아니다.

쉽게 한두 페이지로 요약이 가능하고 이 한두 페이지를 읽으면 굳이 책 전체를 읽지 않아도 되는 책들이 있는가 하면, 어떤 책들은 요약은 가능하지만 한두 페이지의 요약본을 읽음으로써 책 한 권의 완독을 대체하기에는 부족함이 많은 책이 있다.

나는 자연과학 분야의 책들을 읽기를 즐기는데 이

분야의 책들 상당수가 이 부류에 속한다. 하지만 요약본으로 완독을 대체하기가 불가능한 분야가 하나 있다. 바로 문학이다. 문학의 요약된 줄거리를 읽었다는 것과 책을 완독했다는 것은 전혀 다른 얘기다.

그래서 나는 소설을 좋아한다. 특히 레이몬드 챈들러의 소설을 사랑한다. 책을 읽으면서 마음에 드는 문장에 밑줄을 긋고 그 밑줄 친 부분을 다시 모아 저장해 놓는다.

다음은 챈들러의 《안녕, 내 사랑》이라는 소설을 읽으면서 발췌한 문장들이다.

텅빈 수영장보다 더 공허해 보이는 것은 없다.
Nothing ever looks emptier than an empty swimming pool.

물에 잠긴 보트만큼이나 무거운, 갑작스러운 침묵이 있었다.
There was a sudden silence as heavy as a water-logged boat.

그의 눈엔 희미한 이글거림이 있었다. 먼지 쌓인 복도의 뒤쪽 끝에 있는 불빛 같은.
There was a faint gleam in his eyes, a light far back in a dusty corridor.

나의 육감은 보도 위에 춤추던 아지랑이만큼이나 모호했다.
The hunch I had was as vague as the heat waves that danced above the side walk.

중국 차만큼이나 묽은, 거짓 생기가 그녀의 얼굴과 목소리에 스며들었다.
A bogus heartiness, as weak as a Chinaman's tea, moved into her face and voice.

그의 웃음은 망가진 쥐덫만큼이나 교활했었다.
His smile was as cunning as a broken mousetrap.

이런 문장들을 읽으며 시간을 보내고 있으면 챈들러와 어깨동무라도 하고 싶은 심정이 된다. 그리고 문장에 대한 나의 짝사랑은 언젠가는 소설을 쓰고야 말겠다는 치기로 발전됐다.

집필 여행 고행기

2023년 겨울, 나는 여러 이유로 시간이 많이 있었다. 그래서 소설을 쓰겠다는 치기를 결행하기로 했다. 집필을 위해 나 자신을 고립시키겠다고 마음먹었는데 마침 강원도 양양에 있는 친구의 세컨드하우스가 몇 주간 비어 있게 됐다는 소식을 들었다.

양양으로 간 첫날 친구 박 모 군과의 오대산 등반은 내 생애 최고의 설경을 선사했다. 이처럼 이 여행의 시작은 모든 것이 완벽했다. 오대산 등반 후 대포항에서 회와 화이트와인으로 1차를 하고 친구의 세컨드하우스로 돌아왔다.

자유로움에 기행을 벌였다. 와인을 마시다 둘이 초저녁부터 잠들었는데 다음 날 새벽 2시에 깨어나, 한

우로 2차 파티를 벌였다. 생에 다시 겪을 가능성이 별로 없는 즐거움이었다. 또한 이튿날 집 바로 앞 해변에서 오후 5시가 넘어 일몰의 순간 바라본 한겨울 서핑족들의 모습은 참으로 여러 감상을 불러일으켰다. 한겨울의 서핑족. 그러나 역시 삶은 소설만큼이나 쉽지 않았다.

고난은 박 군을 보내고 난 목요일부터 시작됐다. 주로 보급 혹은 생존과 관련된 문제였다. 식사를 해결하는 것이 가장 중요한 생존 문제였다. 왜냐하면 나는 밥을 해먹고 일상적 생활을 영위하는 데 있어서는 금치산자에 가까운 인물이기 때문에 반드시 식당이 주변에 있어야 살아남을 수 있기 때문이다. 이런 치명적 핸디캡을 가진 아주 나약한 사피엔스가 감당하기에는 가혹한 시련이 이어졌다.

올 때와 갈 때 나를 실어 나를 벗들이 있었기 때문에 나에게는 차량이 없었다. 그러나 첫 날부터 이상한 조짐이 벌어지기 시작했다. 양양은 이맘 때면 최고의 비수기 혹은 과장하면 인류가 멸망한 소도시였다. 내 생존을 위해 눈여겨 보아놓은 밥집이 하나 있었다. 그곳만 믿고 있었다. 하지만 밥집은 17일까지 휴일, 맛있다고 알려준 치킨집은 전화했더니 크리스마스이브 전날까지 내부 수리 중이란다. 그렇게 하루를 굶었다.

이튿날 식료품을 사기 위해 길을 나섰다. 맨몸이라 걷기로 작정했다. 멸망한 인류의 흔적 위를 걷는 것처럼 하조대해수욕장까지 단 한 사람과도 마주치지 않았다. 강추위 속에서 30분을 걸으며 해수욕장을 잠시 구경했다. 이때까지만 해도 그동안의 불운에 안녕을 고하며 그럭저럭 고즈넉함을 즐기는 상황이었다. 하지만 최악은 예상하지 못했기에 최악인 것이다.

텅 빈 해수욕장을 떠나 평소 먹지 않는 점심이라도 생존을 위해서 때워둘까 했다. 그래서 집주인 친구가 점심 영업을 한다고 알려준, 짬뽕 명가를 들렀더니 휴가 중이란다. 할 수 없이 하나로 마트에 들렀다. 식료품의 천지였다. 하루를 굶고 만난 오아시스였다.

바나나도 사고 귤도 사고 물도 사고 한껏 흥분해 과잉 쇼핑을 했다. 그리고… 아뿔싸! 주머니를 뒤지니 지갑을 가져오지 않았다. 아무런 식료품도 사지 못한 채 그 추위 속을 다시 걸어 돌아가야 했다. 극한의 상황… 혹시나 해서 애플페이가 되냐 물었더니 천만다

행으로 된다고 했다. 아! 하늘은 한쪽 문을 닫으면 다른 쪽 문을 연다는 말이 진부하게 들리지 않았다. 그러나 약간의 행운은 이것이 마지막이었다.

당연히 이 많은 짐을 숙소로 가져가기 위해서는 택시를 타야 하는데, 한 점도 의심하지 않았던 상황이 펼쳐지고 있었다. 카카오 택시를 불렀으나 인류가 멸망한 도시에서 택시는 잡히지 않는다는 사실을 뒤늦게 깨달았다.

다시 하나로 마트에 들어가 주눅이 잔뜩 든 채로 사정을 설명하고, 혹시 반품이 되느냐고 물었더니 주인장이 할 수 없지 않냐는 표정으로 고개를 끄덕였다. 나는 어설픈 나를 증오하고 또 증오하며 그 추위 속을 다시 걸어 집으로 돌아갔다. 그리고 지갑을 챙겨 동네를 미친 듯이 돌아다녔다. 아! 편의점이 있었다.

그렇게 며칠을 생존한 뒤, 집 앞에 눈여겨 봐뒀던 식당이 문을 연다는 18일, 꿈에 부풀어 그 식당을 찾기 전에 인터넷을 샅샅이 점검했다. 17시까지 브레이크 타임. 그래서 17시 50분쯤 여유롭게 그 밥집을 찾았다.

그런데 성격 좋지 않게 생긴 모녀가 오늘은 재료가

떨어져 영업을 중단한단다. 도대체 5시에 시작해 40분 만에 재료가 떨어질 그런 놀라운 집이라니! 세계적인 맛집인가 보다. 절망은 대단한 단어가 아니다. 결국 그날도 편의점 도시락으로 하루를 견뎠다.

집필 여행의 현실은 이렇게 우스꽝스럽게 끝났지만 그래도 그곳에서 백여 페이지의 문장을 건져냈다. 나는 아직도 소설을 써 보겠다는 망상을 버리지 못하고 있다. 내 망상은 여기서 끝나지 않는다. 내 소설을 안 읽는 사람은 있어도 십여 페이지를 보고 나서 완독하지 않는 독자는 없을 것이라는…. 기다리시라, 여러분!

웃음이 좋다

각 언어에 웃음을 표현하는 단어는 참으로 많다. 깔깔, 까르르, 까르륵, 호호, 하하, 피식, 키득키득, 싱글벙글, 히죽히죽….

물론 한국어가 모국어인 분들은 어감만으로도 이 웃음들이 어떻게 다른지 느낄 것이다. 웃음의 종류는 정말 많다. 하지만 암스테르담 자유대학의 심리학자 로자 카밀로글루가 과학 저널 《바이올로지 레터》에 발표한 논문에 따르면 웃음은 단 두 가지로 기원을 나눌 수 있다고 한다. 짐작이 가시는가?

웃겨서 웃는 웃음과 간질여서 웃는 웃음이 그 두 가지라고 한다.

그에 따르면 아기가 태어나서 가장 먼저 하는 것

중 하나가 웃음이고, 일본원숭이와 침팬지도 간질이는 놀이를 한다. 때문에 간질이는 행위는 천만년 전부터 진화해 온 것으로 짐작된다. 간질여서 웃음을 유발하는 행위가 영장류들이 친밀한 관계를 쌓는 데 도움이 되는 것이란 추정이다.

반면 웃겨서 웃는 웃음은 간질여서 웃는 웃음이 탄생한 지 훨씬 뒤인 수백만 년 전에 진화된 것으로 추정된다. 즉 인간의 뇌가 유머 감각을 이해할 만큼 복잡하게 진화된 이후에 이뤄진 진화라는 얘기다. 그러므로 웃겨서 웃는 것은 인간이 유일하다.

나는 우스꽝스런 실수를 자주 한다. 인간만이 이런 실수담을 들으며 웃을 수 있고, 또 이런 웃음을 통해 친밀감을 쌓을 수 있다고 하니, 독자들에게 내 치욕을 재물로 바친다.

입사한 지 1년이 채 지나지 않았던 사회부 경찰 기자 시절이었다. 당시 기삿거리를 물어오지 않으면 사건 반장에게 혹독하게 시달려야 했다. 그래서 잡지를 뒤지고 제보철(시민들의 제보를 받아 정리해 놓은 묶음)을 뒤진다. 당시 사회부에 있던 여러 대의 일반 전화로 직접 제보 전화가 오기도 했다.

그중 한 제보 전화를 내가 받았다. 어느 경기도 야산에 막대한 양의 산업폐기물을 불법 매립하고 있다는 내용이었다. 당시 기삿거리를 물어오지 못해 초조해 있던 나에게 이 제보자는 은인처럼 느껴질 지경이었다. 사건반장에게 즉각 취재하겠다고 보고했다. 이런 경우 선배들은 제보의 신빙성을 그리 믿지도 않으면서 겉으로는 대단히 고무적인 리액션을 해준다.

"(불법 폐기물 매립자를) 가서 조져버려!"

한껏 고무된 나는 회사에 차량을 제공해 달라고 신청하고, 카메라 기자와 뛰어 내려갔다. 사회부 기자는 보통 4인 1조로 움직인다. 취재 기자(이른바 볼펜이라 칭한다), 카메라 기자(이른바 카메라라 칭한다), 마이크 장비를 들고 다니는 오디오맨 그리고 기자들이 '형님'이라는 통칭으로 부르는 회사 소속 운전기사, 이렇게 4명이다.

부리나케 도착한 경기도의 한 야산. 역시 '뭔가 음험한 일이 벌어지고 있구나' 확신하게 하는 음산함이 서려 있었다. 그러나 불길하게도 너무나 조용했다. 대규모의 불법 매립이 있으려면 이렇게 조용할 수가 없을 텐데. 초조함에 야산 여기저기를 뒤지고 다녔다.

시간이 지나갈수록 '꽝'이라는 생각이 들었다.('꽝'이라는 표현은 기자들이 무언가를 취재하다 기삿거리가 되지 않을 때 쓰는 표현)

이럴 때 초년병 기자들은 초조함을 넘어 절망감에 빠진다. 성과 없이 회사에 들어가 옹기종기 모여 있는 선배들과 동료들 앞에서 '꽝났다'고 보고하는 그 민망함을 견뎌야 했고, 또 캡의 장난 섞인 조롱과 욕설 세례를 들어야 했기 때문이다.

궁지에 몰려 야산을 뛰어다니던 그때 야산 한 귀퉁이에서 서광이 비쳤다. 의심스러운 한 남성이 주춤주춤 야산을 걸어 내려오고 있었다. 미칠 듯한 흥분이 몰려왔다. 다른 쪽에서 야산을 뒤지고 있던 카메라 기자에게 빨리 오라고 손짓한 뒤, 그 남성에게 거침없이 다가갔다. 그리고 마이크를 들이대고 물었다.

"혹시 불법 폐기물 매립하는 모습 못 보셨습니까?"

이 남성은 거의 울 듯한 표정으로 나를 쳐다보고 있었다.

나는 확신하고 안도했다. 속으로는 '드디어 잡았다'는 외마디 소리를 지르고 있었다. 그런데 울기 직전의 표정을 한 이 남성이 마이크에 대고 남긴 한마디는 나에게 엄청난 혼란을 불러일으켰다.

“아니…저…저…왜 이래요?”

(속으로는 네가 그 수상한 놈이지 하며) “아니 수상한 사람들 못 보셨냐구요?”

(깊은 한숨을 쉬며) “아니 아까는 형님이라고 했다가… 도대체 왜 이래요?”

나는 처음에 무슨 소리인지 몰라 멍하고 있었다. 그러다 부끄러움에 고개를 들지 못하고 아이템을 꽝낸 채 취재 차량으로 돌아올 수밖에 없었다. 그 남성은 취재 차량의 ‘운전기사 형님’이었던 것이다.

그 ‘형님’으로서는 몹시도 당황스러웠을 것이다. 차를 타고 오는 2시간여 내내 여러 대화를 나눴으니까. 하지만 백미러로 그는 나의 얼굴을 보며 얘기했고, 나는 그의 눈부분만을 보고 얘기하다 보니 얼굴을 몰랐던 것이다.

나는 이 실수담을 술자리에서 동료들에게 털어놓은 일을 10년 동안 후회했다. 10년 동안 그들은 이 에피소드를 우려먹었다. 나중에 알고 보니 나를 비웃었던 상당수도 이 비슷한 실수를 했었다는 것을 알았다. 나쁜 놈들!

밖에서 새는 바가지

안에서의 실수가 밖으로 이어지는 것은 당연하지 않겠는가? 다음은 나의 해외 실수 경험담이다.

1

프랑스 파리 특파원으로 부임한 뒤 임대한 집으로 이사를 했다. 우리의 분당쯤 되는 파리 외곽도시 생클루라는 곳이었는데, 일종의 빌라였다. 이사한 지 이틀쯤 된 날이었다. 집으로 들어가려는데 공동현관의 비밀번호가 기억나지 않았다. 마침 같은 곳에 사는 프랑스인이 문을 열고 들어가기에 따라 들어갔다.

약간 의심하는 듯해서 얼마 전 2층으로 이사 온 나를 과장된 쾌활함을 더해 소개했다. 이런 스몰토크를 하며 2층 엘리베이터를 내려 집으로 들어가려는데 열쇠를 아무리 돌려도 문이 열리지 않는 것이었다. 그 프랑스인은 의심의 눈초리로 나를 쳐다보며 서 있었다. 그러더니 조심스럽게 내게 다가와 말했다. "당신 혹시 옆 건물 사는 거 아니야?" 그랬다. 그 옆에는 쌍둥이 건물이 있었다. 나는 헛웃음을 흘리며 그에게 작별을 고하고 뛰어 내려왔다.

2

파리 지사는 샹젤리제 대로에 있었다. 세계 모든 언론사가 집결해 있는 파리의 중심지였다. 그래서 다른 곳보다 치안도 훌륭하다. 순찰하는 경찰들도 많았다. 나는 우리 사무실 앞에 늘 있던 경찰 한 명과 꽤 친했다. 당시 흡연을 하던 시절이라서 담배를 같이 피우며 친해졌다.

그런데 어느 날 내 딸아이가 샹젤리제 거리에서 핸드폰을 소매치기 당한 일이 있었다. 파리에는 좀도둑이 많다. 강력 범죄는 그리 많지 않아도 집시들이 떼로 돌아다니며 특히 동양인 여성을 표적으로 좀도둑질을 많이 한다. 말이 좀도둑질이지 동양인 여성이 혼자 있으면 둘러싸고 강압적으로 물건을 뺏기도 한다. 당시 중학생이던 내 딸아이가 이런 식으로 핸드폰을 빼앗겼다. 겁을 먹어 울고불고 난리였다.

다음 날 샹젤리제 사무실 앞에 서 있는 그 경찰을 우연히 다시 만났다. 나는 다가가 말을 걸었다. 물론 좀도둑들이 워낙 많아 그 친한 경찰이 찾아줄 수 있을 거라고 기대는 하지 않았지만 그래도 관심을 보일 줄 알고 말을 걸었다. 거리에 있는 집시들을 가리키며 저들이 내 딸아이의 핸드폰을 소매치기했다고 말했다. 그랬더니 이 경찰이 남 얘기하듯 하며 "그러니까 조심해야 한다"고 말하는 것이었다.

아무리 좀도둑이 많은 곳이라지만, 경찰 녀석이 저렇게 듣는 둥 마는 둥 하냐며 근 일주일을 여기저기 씹고 다녔다. 그러다 문득 생각이나, 지사 사무실 직원들에게 샹젤리제 경찰이 이렇게 행동했다고 말하니, 스태프들이 어이없다는 듯이 이렇게 말했다.

"특파원님, 걔는 경찰이 아니라 사무실 빌딩 2층 고급 식당 대리주차하는 직원이에요." 민망해서 나는 중얼거렸다. "무슨 주차원이 경찰같이 옷을 입지?" 그 후 나는 그 경찰 비슷한 옷을 입은 주차원과 예전처럼 친하게 지낼 수 없었다.

3

지난 2013년 나는 베를린에 있었다. 베를린 장벽 붕괴 25주년을 맞이하여 베를린 장벽 붕괴가 독일인에게 어떤 의미를 갖는지 보도하기 위해서였다.

취재 일정 때문에 워낙 잠을 자지 못해 일정이 끝난 뒤 호텔방에서 속옷만 입은 채 곯아떨어졌다. 잠들기 전 마신 맥주 때문인지 소변이 마려워 잠을 깼는데 화장실 문을 열고 들어간다는 것이 잠이 덜 깬 상태에서 호텔방문을 열고 나와 버렸다. 그런데 호텔 방문이라 닫힌 문이 잠겨 버렸다. 난감했다. 화장실은 급하고, 속옷 차림에 호텔 복도에 망연자실 서 있는 상황이라니….

설상가상으로 엘리베이터를 타려면 방의 열쇠가 필요했다. 누구를 만날세라 계단을 뛰어내려 프론트로 갔다. 그리고 최대한 미친놈처럼 보이지 않게 하기 위해 멀쩡한 표정을 짓고 상황을 설명했다. 호텔 직원이 웃음을 참지 못하는 표정으로 말했다. "그런 일이 종종 있습니다."

4

나는 부끄럽게도 프랑스에 도착했을 때 프랑스어를 한마디도 하지 못했다. 파리 특파원은 프랑스어 전공자와 아닌 사람들로 나뉘는데 나처럼 프랑스에 올 때 프랑스어를 거의 모르는 상태에서 부임하는 쪽이 오히려 다수파다.

그래서 그 다수파는 이렇게 주장한다. 파리 특파원들은 두 가지 부류가 있다. 프랑스어를 할 줄 아는 자들과 취재를 잘하는 자들로 나뉜다고. 말도 안 되는 소리다. 프랑스어를 못 하면서도 취재가 가능한 이유는 취재할 때 24시간 도와주는 통역사가 상주하기 때문이다.

어쨌든 부임한 지 얼마 안 된 어느 날 퇴근길에 나는 한 화장품 매장에 들렀다. 겨울이 되면 건조한 피부 때문에 몸이 가려울 때가 많은데, 석회 성분이 많은 물로 샤워를 하게 되니 이 증상이 더 심해졌다. 그래서 바디로션을 사기 위해 매장을 찾았다.

영어로 일상생활을 하는 것이 거의 불편함이 없을 정도로 영어에 능통한 프랑스인들이 많다. 그런데 그 매장에는 하필 영어를 한마디도 못 하는 직원만 있었다. 그래서 손짓으로 몸에 바르는 시늉을 하며 바디로션을 찾아달라고 했다.

마침 용기 표면에 내가 아는 프랑스어인 'sans savon'이라는 문구가 보였고 자세히 보니 밑에는 영어로 'soap free, sensitive skin'이라는 문구도 보였다. 그래서 이를 구입해 한 2주일 정도를 샤워 후 이 바디로션을 바르고 다녔다. 미의 나라 프랑스답게 이 바디로션을 바른 뒤 피부는 미끌미끌했고, 나는 역시 프랑스 화장품이 좋다는 말을 주위에 하며 감탄했다.

어느 날 내가 다니는 헬스클럽에서 나와 똑같은 제품을 쓰는 사람을 발견했다. 그런데 그는 이 제품을 샤워실에 가지고 들어가는 것이 아닌가? 불길한 마음에 곁눈질로 그를 살폈다. 아뿔싸! 내가 2주일 동안 열심히 바르고 다녔던 것은 바디로션이 아니라 바디워시였다. 어쩐지 저녁에 다시 샤워하려고 물을 뿌리면 거품이 일더라!

5

프랑스에서 뭐를 하나 고치려면 한국에서는 상상도 하지 못할 만큼 긴 시간이 소요된다. 우리 지사가 있던 샹젤리제 거리를 가려면 샤를 드골 에트왈 역에서 내리는데, 이곳 지하철에서 내려 지상으로 올라가려면 한참을 에스컬레이터를 타야 한다. 그런데 MBC 지사로 가는 방향의 에스컬레이터가 어느 날 고장이 나 있는 것이었다. 며칠이면 고치겠지 했는데 무려 몇 달이 걸렸다.

이렇게 두세 달을 아침마다 헉헉거리며 계단을 올라가려니 짜증이 몰려왔고, 겨우 에스컬레이터가 고쳐진 날에는 파티라도 열고 싶은 심정이었다. 그러나 바로 그다음 날 에스컬레이터는 다시 수리 중 표식을 걸고 있었다. 모든 것이 이런 식이다. 와이파이 설치 신청을 하면 6개월이 걸리는 경우도 있다.

내가 다니던 헬스클럽은 한겨울에 온수 시스템이 고장이 났다. 수리까지 며칠 걸리냐고 물으니 "걱정하지 마라. 이틀이면 고친다"고 호언장담을 했다. 믿지 않았지만 이틀 후에 다시 클럽을 찾았다. 운동한 뒤 샤워장에 들어가니 역시 찬물밖에 나오지 않는다. 씻지도 않고 나와서 직원한테 물었더니 여러 핑계를 댄다.

내가 이 장황한 핑계를 듣고 있는 동안 프랑스인들

이 연이어 샤워장으로 들어갔다. 웬만한 추위에도 야외 테이블에서 식사하는 이들을 봐 왔던 터라, 역시 이들은 찬물 샤워도 꺼리지 않는구나 하고 속으로 생각하고 있었다. 그런데 잠시 후 샤워장에서 느닷없는 소리가 들려왔다.

"으아아아아아악!"

찬물만 나오는 줄 모르고 들어간 자들이었다. 나는 터져 나오는 웃음을 참기 힘들었다. 역시, 사람 다 거기서 거기다.

2부 일상과 여행

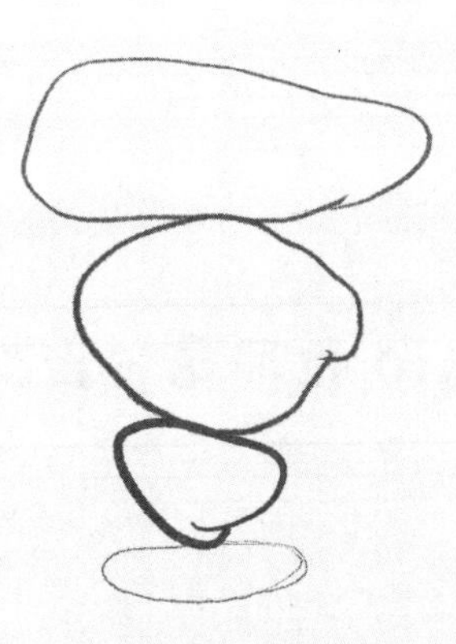

결국 삶이란, 기회를 놓치고, 실수를 저지르며
그리고 때로는, 그것들을 바로잡을 기회다.
—스퍼포드, 《영원한 빛》 중에서

Life, after all, is an opportunity to miss opportunities,
make mitakes, — and, sometimes, to put them right.
—Spufford, 《Light Perpetual》

완벽한 하루

아침에 일어나면 나는 리클라이너에 앉는다. 음악을 들으며 멍하게 10여 분을 보내며 잠에서 깬다. 그리고 물을 한 잔 마시고 명상용 방석을 펴고, 그 위에 다시 좌선용 방석을 얹는다. 시간을 알리는 명상용 앱을 50분에 맞춰놓고 집중에 들어간다.

어제 생활이 단순하면 오늘 명상의 깊이가 깊어진다. 명상을 하기 전에는 뉴스와 주식창을 절대 보지 말아야 하는데, 힐긋 본 날이면 집중의 질이 떨어진다. 명상이 끝나면 저린 다리를 풀기 위해 5분 정도 누워서 명상을 한다. 그리고 커피를 내려 버터를 잘라 넣고 기름을 부어 고속으로 블렌딩해 버터 커피를 만든다. 정신적·육체적으로 하루를 버텨줄 열량을 이렇게 채워 넣는다.

그다음은 비우기다. 나에게는 불합리한 리추얼이 하나 있다. 위장에 뭔가를 넣은 뒤 걸어 다녀야 그날치 찌꺼기를 비울 수 있다. 또 이런 비우기를 하지 못하면 하루 종일 찝찝해하며 곤란을 겪는다.

성공적인 비우기를 하고 샤워를 마쳐야 제대로 된 하루가 시작되는 것이다. 문제는 이 미션에 성공하기 위해서는 자그마치 30~40분을 걸어야 한다는 것이다. 정말 악습이다. 그래서 커피를 마신 뒤 거실을 30~40분 왔다 갔다 한다. 집에 있을 때는 이렇게 거니는 시간을 이런저런 생각을 하거나 이것저것 학습을 하는 데 쓴다.

꼭 비우기 위해서만 걷는 것은 아니다. 나는 뭔가 생각할 일이 있으면 방 안을 무한히 왔다 갔다 한다. 걸어야 생각이 잘 난다는 경험 때문에 방 안에는 높이 조절 책상과 그 아래에는 워킹머신까지 구비해 놓았다. 걸으면서 이런저런 생각에 빠지길 즐기다 보니 집에 있을 때는 아침에 걷는 시간이 그리 아깝지는 않다.

문제는 집을 떠났을 때다. 내 아침 리추얼은 악몽

으로 변한다. 취재를 하기 위해 해외에 머물 때는 정말 최악이다. 그때는 나도 하루 세 끼를 먹던 시절이었다. 출장을 가면 조식을 먹고 반드시 걸을 시간을 확보해야 했다.

문제는 취재 일정이 일찍 시작되는 날이다. 새벽 6시부터 길을 나서야 하는 날이면 새벽 4시 반쯤 밥을 먹고 걸어야 하는데 식당 조식은 불가능하다. 그러면 전날 빵과 샐러드 등을 사다 놓고 새벽 4시 반쯤 억지로 위장에 욱여넣고 호텔방을 걷는다. 안 그래도 출장으로 잠이 부족한데 컨디션이 엉망이 된다. 다 집착이 나은 고통이다. 4시 반쯤 밥을 먹고 30~40분 걷고 나서 샤워를 하고 일을 나서야 한다.

어쨌든 집에 있을 때는 별 문제가 되지 않는 리추얼이고, 샤워를 한 뒤 집을 나서면 완벽한 하루가 시작된다. 자전거를 타고 회사에 도착해 이것저것 기사를 보고 있으면 〈뉴스하이킥〉 피디와 작가들의 문자가 단톡방에 올라오기 시작한다. 기사를 보고 단톡방 문자 내용을 검토하는 중간중간에는 오늘의 뉴스와는 아무런 상관없는 책을 보려 노력한다. 이래야 기분이 편해진다. 기사만 보고 있으면 소모되는 느낌이

들고 이게 별로 기분이 좋지 않기 때문이다.

점심시간이 다가오면 다시 자전거를 타고 길을 나선다. 검도장으로 향한다. 점심시간 한 시간쯤 가쁜 호흡을 몰아쉬며 죽도를 휘두르면 기분이 더욱 급격히 좋아진다. 검도를 한 뒤에는 제작진의 문자를 확인하며 다시 헬스클럽으로 향한다.

검도가 주는 쾌감과 근력운동이 주는 쾌감은 상이하다. 근육을 피로하게 만들면 죽도를 휘둘렀을 때와는 또 다른 만족감이 있다. 헬스클럽은 거의 제2의 사무실이다. 운동 중간중간 쉬어야만 할 때 기사도 보고 문자도 확인하고 하면 한두 시간은 훌쩍 지나간다. 다시 샤워를 하고 나오면 대략 오후 3시쯤 된다. 집에서 싸 온 야채주스를 한 잔 마신다.

오후 4시 본격적인 방송 준비를 시작한다. 회의실에 〈뉴스하이킥〉 제작진이 모두 모인다. 진지한 회의라기보다는 서로 각자의 일을 하며 온갖 농담과 잡담을 이어간다. 그런데 이렇게 형식에 구애받지 않는 잡담 같은 대화들이 방송에 오히려 큰 도움을 준다. 진지하게 회의를 하면 나오지 않을 내면의 관심사와 각자의 의견이 자연스럽게 표출되기 때문이다.

이렇게 한 시간쯤 떠들다 보면 사람들이 진심으로 궁금한 것이 무엇인지 또 어떤 사안에 대한 논란의 핵심은 무엇인지 놀라울 만큼 머릿속에 저절로 정리가 된다. 그리고 5시 23분 정확히 내 시계의 알람이 울린다. 〈뉴스 앞차기〉 방송을 위해 스튜디오로 올라가야 할 시간이다.

〈뉴스 앞차기〉 방송을 위해 스튜디오에 들어가기 전에는 그야말로 기분이 유쾌해진다. '오늘은 어떻게 놀아볼까?' 하는 심정으로…. 그리고 앞차기의 농담을 통해 끌어올린 텐션은 자연스럽게 본방송의 열기로 이어진다.

8시 방송이 끝날 즈음이 되면 다시 마음이 설렌다. 제대로 된 첫 끼를 먹을 시간이기 때문이다. 저녁 약속을 한 인물과 만나기로 한 식당의 메뉴를 생각하며 들떠 있다. 저녁 대신 점심 약속을 한 날은 저녁을 건너뛴다. 하지만 점심보다 저녁을 현격히 선호한다. 점심을 먹은 날은 방송 끝날 즈음의 설렘이 없기 때문이다.

고된 정신노동을 마치고도 별 낙이 없다는 약간의 좌절이 저녁 한 끼를 선호하게 된 까닭이다. 하루 한 끼 방송을 끝낸 뒤 먹는 식사는 상상만 해도 너무 맛이 좋다. 메뉴가 중요할 리 없다. 다 맛있다.

저녁을 먹으며 술을 곁들이지 않은 날은 귀가해 책을 보거나 자료를 정리하거나 무언가를 쓴다. 분명한 원칙은 귀가한 뒤는 가능한 뉴스나 시사와 관련된 일을 멀리한다는 것이다. 시사와의 거리가 멀수록 좋아한다.

그리고 12시쯤부터 스피커에 영어 자료를 틀어놓고 선잠이 들 때까지 기다린다. 영어를 듣는 것은 내 최고의 수면제다. 한국어처럼 세세하게 들리지도 않아 감정의 기복이 없고, 또 대략은 들리기에 머릿속에서 잡념을 막아준다. 선잠이 들면 좀비 상태로 침대로 향한다. 이렇게 살았던 날을 나는 '완벽한 하루'라 부른다.

그러나 완벽은 그 질적인 측면도 있겠지만, 빈도의 측면에서는 극히 드물다. 그리하여 나의 'Perfect Day' 역시 몹시 드물다. 퍼펙트에 대한 '집착' 때문에 퍼펙트하지 않은 날은 이런저런 핑계로 많은 시간을 낭비한다. 이 빌어먹을 '집착'만 버리면 늘 괜찮은 하루다.

자전거 타기는 내 생활의 루틴이다. 여행 갈 때도 자전거 가져가기를 즐긴다. 걷기보다는 땅과 바퀴의 마찰 딱, 그 정도가 좋다.

우연이 길이 될 때

1994년 어느 날이었다. 나는 모 금융회사 17층 창가에서 담배를 피우고 있었다. 담배 연기는 창문을 미끄러지듯 빠져나가고 있었고, 담배 연기가 새어나간 그 창문으로 파리 한 마리가 얼떨결에 빨려 들어왔다. 그 파리는 몹시 당혹스러운 듯 보였다. 자살 충동에 가까운 모습으로 투명한 창문에 연신 몸을 두드리고 있었다. 탈출을 위한 몸부림이 꽤 처절해 보였다. 그때 나는 갑자기 요의를 느꼈고 재떨이에 담배를 팽개치듯 버리고 화장실을 다녀왔다.

그는 사라졌다. 대신 청소하는 아주머니가 깨끗하게 치운 재떨이를 정리하고 있었다. 맑은 햇볕 속 재떨이는 쨍하고 빛을 튕겨내고 있었지만 그는 흔적도 없었다. 나는 그의 운명이 궁금했다. 그는 청소부 아주머니에 의해 살해됐는가 아니면 탈출했는가? 그는 알 수 있었을까? 유일한 탈출구는 자신이 빨려 들어온 그 입구였다는 것을….

인간의 기억은 미묘하다. 어떤 일들은 이상하리만큼 오랜 세월을 견디고 나머지 대부분은 마치 존재한 적이 없는 듯 사라진다. 위의 문장들은 내가 MBC 입사 시험 작문 부문의 마지막 단락으로 쓴 글이라 기억한다.

30년 전 그해 나는 금융회사에 다니고 있었다. 대학교 4학년쯤 언론에 종사하기로 마음먹고 언론사에 응시했지만 모두 실패한 후 들어간 회사였다. 대한민국에서 월급을 가장 많이 주는 회사 가운데 하나였다. 언론사 입사의 꿈을 접었냐는 친구들에게 이 회사가 월급을 많이 준다는 헛헛한 얘기를 하곤 했다. 왠지 모를 쓸쓸함을 금융회사가 있던 강남 특유의 화려한 외향에 몸을 묻고 잊으려 했던 듯하다.

어쨌든 그 당시는 거품의 시대였고 당시 연봉 수천만 원은 내가 생전 만져보지 못한 큰돈이었다. 그러나 내 안의 헛헛함을 구원하지 못했다. 물론 그 당시의 젊은 나는 돈의 효용에 대해 절실하게 느끼지 않았다는 점도 그 헛헛함에 한몫 보탰을 것이다. 아니 헛헛함을 잊게 할 만큼 큰돈은 아니었다는 표현이 더 적절한지도 모르겠다.

회사원 생활은 나름 즐거웠다. 세련된 사무실에서 당시 드라마에 자주 등장하는 종합기획실 직원으로서 나름 인정받는 회사 생활. 샐러리맨의 애환과 퇴근 후 소주 한 잔. 이런 감수성이 전혀 싫지만은 않았다. 문제는 그 헛헛함이었다. 내가 최선을 다했을 때 가능한 삶, 그 금융회사 임원들의 모습을 내 미래의 모습에 투영해 봐도, 전혀 부럽지 않았다.

이 모 이사라는 분은 특히 기억에 남는다. 그분의 별명은 이 대리였다. 나는 당시 무슨 바람이 불어서인지 멜빵을 허리띠 대신 하고 다녔는데 이 모 이사라는 분은 그게 못마땅하셨던가 보다. 그러나 겉보기에도 세심하고 여린 그분은 신입사원인 내게 그 얘기를 직접 하지도 못하고 대리에게 대신 이런 말을 전달해 왔다.

"권순표 주임 멜빵 좀 하지 말라고 하면 안 되나?"

이 말을 전해 듣는 순간 약간 우울해졌던 기억을 잊을 수 없다.

그맘때였을 것이다. 종합기획팀 재무예측 담당이란 이유로 회사에서 상당히 비싼 돈을 내고 외부 교육에 나를 참여시켰다. 그런데 지하철을 타고 한강다리를 막 지날 때쯤 못 견디겠다는 생각이 갑자기 들었다.

나는 지하철에서 내려 한참을 걷다 사람들이 길게 줄을 서 있는 곳을 발견했고 무엇을 위한 줄인지도 모른 채 줄을 섰다. 아무 생각 없이 시간을 보내기 위해 하염없이 서 있었고 끝에 다다라 보니 토익시험을 접수하기 위한 줄이었다. 아무런 목적 없이 멍하니 접수를 했다.

그해 MBC는 입사 요강을 갑자기 바꿨다. 토익시험 성적표를 요구했다. 묘한 느낌이 들었다. 가끔은 어느 순간이 운명처럼 느껴지곤 한다. 회사에 다니느라 시간을 내지 못하는 나를 위해, 당시 고시 공부 중이던 백수 친구가 입사 원서를 대신 접수해 줬다. 그리고 작문과목에서 썼던 글이 위의 글이다. 나는 빨려 들어왔던 그 창문으로 탈출하고 있었다.

인간의 기억은 기묘하다. 그 전해 어느 신문사의 논술시험 주제는 중앙청, 즉 옛 조선총독부 청사 철거에 대한 찬반 논리를 서술하는 것이었다. 당시 논쟁의 큰 줄기 중 하나는 상징이냐, 현실이냐 하는 부분이었는데, 나는 상징이 중요한 이유는 현실에 상징이 영향을 끼치기 때문이라는 논리를 펼친 기억이 난다. 그래서 정작 철거 쪽을 지지하는 글을 썼는지, 보존 쪽을 선택했는지는 기억이 나지 않는다.

또 어떤 언론사의 최종 면접에서는 사주가 여러 논설위원과 함께 직접 면접을 했는데 박정희에 대한 평가를 물어왔다. 나름 성실히 대답했는데 평가를 하지 않고 무안을 주는 식으로 내쫓다시피 면접을 종료했다.

나는 분을 이기지 못하고 지금은 아내가 된 여자친구를 불러내 맥주를 마시며 오징어를 씹어댔던 기억이 난다. 너무 심하게 씹어 입가가 터져서 피가 흐르는 것도 모르며 오징어를 씹어댔던 그날의 씁쓸한 추억은 오래도록 내 처와 나의 안줏거리가 되곤 했다.

숙박하며 치렀던 MBC의 입사 시험 분야 중 하나는 심사위원들이 단어를 던지면 그 단어로 논리를 전개하는 것이었던 것으로 기억한다. 내게 주어진 단어는 난방과 온돌이었다. 나는 서양의 난방은 사람을 흩어지게 하고 동양의 온돌은 가족을 모이게 한다. 그 뭉침의 가족 문화에서 개인주의로 우리의 문화는 바뀌어 왔다…. 이런 식의 논리를 전개했던 것 같다.

그로부터 30년의 세월이 흘렀다. 인생은 새옹지마. 그때 다른 언론사에 입사했으면 나는 무엇이 돼 있을까. 돌이켜 보면 나쁜 일은 나쁜 일이 아닐 때가 많았다.

세상은 나에게 친절했다

나의 청소년 시절 세상은 친절하지 않았다. 전두환이 쿠데타로 집권한 기간 대부분이 나의 소년 시절과 청년 시절과 겹친다. 그 시대, 세상은 폭력적이었다. 폭력으로 권력을 잡은 인물을 정점으로 사회 각 분야에 폭력은 전이되고 있었다. 야만의 시대였다.

시대의 야만성이 어찌 나에게만 불친절함으로 다가왔겠는가? 그 시대는 시대를 살던 모두에게 불친절했을 것이다. 시대는 폭력을 휘두르는 주체에게도 끝끝내 친절하지는 않았다. 그렇다. 그 시대를 살아가는 우리 모두 재수가 없었던 것이다. 그리고 나이가 들면서, 모든 것이 조금씩 나아졌고, 세상은 나에게 점점 친절해졌다.

이런 관점에서 나는 유물론적 운명론자다. 다만 물질세계의 인과법칙이나 변증법적 운동에 따라 모든 사건이 필연적으로 결정되며, 결론적으로 자유의지는 없다는 전통적 관점의 유물론적 운명론과 내 신념은 거리가 멀다.

반면 나의 신념은 다음처럼 단순화된다. 미래는 확률로써 존재하며 결정된 바 없다. 그러나 결국 내가 선택한 것은 아무것도 없다. 노력하면 된다고? 물론이다. 노력하면 상당히 가능성 적은 일들도 이뤄진다. 하지만 한 개인의 노력은 마음대로 이뤄지지 않는다. 노력하는 자질 자체를 타고나는 것이다. 또 어떤 이들은 어떤 계기에 의해 노력하는 인간으로 변화하기도 한다. 그러나 그 어떤 계기를 마주치게 되는 것도 그의 행운 혹은 확률일 뿐이다.

유전자의 우연한 조합부터 태어난 환경까지 그 어떤 것도 개인의 선택은 없다. 즉 어떤 이는 재수가 좋았을 뿐이고 어떤 이는 재수가 없었을 뿐이다. 기자로 일하다 보면 훌륭한 분들을 많이 만난다. 이중 자수성가한 분들도 많다. 정말 어려운 환경을 극복하고 훌륭한 업적을 쌓은 사람들도 적지 않다. 그런데 이런 분 중에는 자신의 노력이나 능력을 과신하며 독선적인 인품을 가진 경우도 적지 않다.

그러나 이런 훌륭한 분들도 따지고 보면 자신이 선택한 것은 아무것도 없다. 성품, 기질, 환경 이 모든 것이 그에게 우연히 주어졌다는 점에서는 일반인들과 다를 바 없다. 그 역시 재수가 좋았을 뿐이라는 것이다.

명저 《총, 균, 쇠》를 짧게 요약하면 문명의 불평등은 지리적·생태적 요인에서 비롯된다는 주장이다. 인종별 능력 차이나 지능 차이 때문에 불평등이 초래되는 것은 아니라는 것이다. 즉, 유라시아 대륙인들이 다른 대륙을 정복한 근본 원인은 그저 거기 태어났기 때문이며, 다시 말해 재수가 좋았기 때문이란 얘기다.

우리는 능력주의라는 이름의 '착각'과 자주 마주친다. 성적 지상주의를 내세우며 '사회적 배려 대상자 전형'과 '지역균형선발전형' 등으로 입학한 학생들을 비하하는 일부 명문대생들의 이야기도 심심치 않게 들린다. 그러나 그 능력주의자들이 주장하는 이른바 '공정하다는 착각'은 위험하다.

자신의 성적이 조금 높다고 능력주의를 말하는 학

생들은 그저 자신이 운이 좋아 좋은 환경에 태어났거나, 비슷한 환경에 태어난 아이 중에서는 자신이 공부에 유전적으로 조금 더 유리한 기능을 타고났을 뿐이라는 점을 인정해야만 한다. 한 달 과외비로 수백만 원을 써서 100점을 맞은 학생과 독학으로 80점을 맞은 학생 중 누구를 더 높게 평가하는 것이 능력주의인지는 따져봐야 한다.

그렇다면 무엇을 '공정한 능력주의'라 말할 수 있을까? 사회 전체의 공리를 높이는 방향이어야 할 것이다. 그러기 위해선 재수 좋은 사람들이 운 나쁜 사람들을 배려해야 한다. 사회가 발전하기 위해서는 뛰어난 능력을 타고났지만, 그저 운이 따라주지 않아서 좋지 않은 환경을 만난 사람들이 그 능력을 발휘하게 해야 한다. 생활환경 같은 외부적 요인 때문에 좋은 자질을 가진 사람들이 도태되는 것을 막아야 한다는 얘기다.

단순히 얘기해 시골에서 태어난 수학 천재를 도태시키지 않고 교육하는 것이 사회 발전에 도움이 된다는 것은 자명하지 않겠나? 이렇게 해서 얻어진 부가가치를 더 운이 좋지 않은(능력도, 환경도 타고나지 않은) 사람들에게, 어느 정도 돌리는 것이 '공리'를 높이는 길일 것이다. 이렇게 우리가 능동적으로 선택한 것이 아무것도 없다는 현실을 인정하게 되면, 잘난 것처럼 보이는 사람들은 겸손할 수밖에 없게 된다. 또 못났다고 느끼는 사람들은 위로받게 된다.

나는 청년기 이후 꽤 운수 좋은 삶을 살 수 있었다. 세상은 나에게 친절했다. 내 분야에서 그럭저럭 인정받아 기분 나쁘지 않았다. 교육시킬 아이가 있는 가장이, 월급 한 푼 집에 가져가지 못하는 파업이 수개월씩 계속될 때에도 기꺼이 먼 길을 찾아와 소주를 사주고 같이 마셔주는 오랜 친구들이 늘 곁에 있었다. 그래서 품위를 지킬 수 있었다.

굴곡이 깊었지만 자주 행복했다. 그래서 나로 인해 약간은 세상을 재수 좋게 만들고 싶었고, 혹 나보다 못한 사람들을 만날 때 당신은 운이 없었을 뿐이라고 위로할 수 있는 성품 정도는 갖고 싶었다.

내 주변에는 이른바 괜찮은 사람들이 꽤 있다. 그 중 특히 정의를 추구하는 선량한 사람들이 가장 경멸하는 '경구' 중 하나가 있다. 바로 '죄는 미워하되 사람은 미워하지 말라'는 말이다. 영화 〈넘버 3〉에서 "솔직히 죄가 무슨 죄가 있어? 그 죄를 저지르는 인간들이 나쁜 거지"라고 최민식 배우는 일갈한다. 이 장면에 정의로운 내 친구들은 격한 동감을 표현한다.

하지만 내 생각은 그렇지 않다. 윤석열 씨는 과연 그런 종류의 인간이 되고 싶었을까? 그도 그가 선택하지 않는 유전자의 확률적 조합으로 태어났을 것이며, 그가 선택하지 않은 환경에서 자라났을 것이며, 견제받지 않는 검찰 권력을 누리며, 어떤 성향은 더욱 두드러지게 악화됐을 것이다. 술에 의존하는 유전적 기질과 술로 인한 신체적 파괴도 있었을 것이다. 그 자신의 어떤 기질 또는 욕심과 주변인들의 욕심이 결합해 김건희와의 만남을 필연으로 만들었을 것이고, 그의 몰락은 가속화됐을 것이다. 어떤 의미에서는 그도 재수가 없었다.

그렇다고 그를 용서하자는 것은 아니다. 죄가 인간을 통해 구현될 수밖에 없듯이, 벌도 인간을 통해 구현될 수밖에 없지 않겠는가? 윤석열을 통해 구현된 죄는 윤석열을 통해 벌할 수밖에 없다.

먹고 산다는 것

기자들은 안다. 우리가 폼 잡고 다닐 때 우리를 먹여 살리는 것은 방송국 내 예능이나 드라마 종사자들이라는 것을…. 그래서 넷플릭스가 우리 드라마를 파상공세 하면, 불안하다. 나름 해법을 생각해 보기도 한다. K드라마는 열풍이다. 그런데 그 K드라마를 만드는 방송사들과 제작사들은 비명이다. 왜 이런 일들이 벌어지는 것일까?

2018년 CJ의 〈미스터 선샤인〉이 넷플릭스로부터 엄청난 제작비를 받고 무려 회당 제작비 18억 원을 투입한 드라마가 만들어지기 시작했다. 당시 지상파 드라마의 제작비는 4~5억 원에 불과한데 무려 3배가 넘는 제작비를 투여한 블록버스터 드라마가 등장한 것이다. 블록버스터 드라마의 탄생은 넷플릭스의 선구매가 결정적이었다.

이후 넷플릭스가 선구매한 드라마, 또는 오리지널 드라마는 제작비 한도 없이 특급 배우와 작가, 스태프를 데리고 훌륭한 드라마를 만들고, 그렇게 잘 만든 드라마는 전 세계의 사랑을 받으며 지금의 K드라마로 성장했다. 문제는 넷플릭스의 간택을 받은 드라마와 받지 못한 드라마 사이의 엄청난 간극에 있다.

국내 드라마는 2020년 기준 약 100편 정도가 지상파 3사, CJ ENM, JTBC 5사 중심으로 제작됐다. 글로벌 OTT인 넷플릭스와 디즈니플러스가 국내 진출을 하면서 오리지널 콘텐츠를 앞세우자 국내 OTT인 티빙, 웨이브, 쿠팡플레이까지 5개 OTT가 모두 오리지널 콘텐츠 확보를 위해 드라마 시장에 뛰어들었다.

드라마 제작시장은 연간 160편이 제작·기획되기 시작했다. 당연히 배우, 작가, 스태프 등 드라마 제작 요소시장의 단가는 두 배로 뛰었다. 아니 10년 만에 거의 세 배가 되었다. 2016년 지상파 드라마의 평균 제작비는 4~5억 원이었는데 2025년 평균 제작비는 14억 원 수준이라고 한다.

그럼 국내 드라마의 수익 구조는 어떨까? 국내 방송사의 수익 구조는 2015년 이전까지는 광고 의존적이었다. 방송사 매출의 약 60~70%가 광고 수익이었다. 드라마 제작비는 대부분 광고로 메꿔졌고, VOD, 해외 판매, 방송권 판매 등으로 초과 수익을 냈다. 하지만 이제 판은 완전히 바뀌었다.

예를 들어 살펴보자. 요즘 일반적인 회당 제작비 15억 원이 투입된 12부작 드라마의 총 제작비는 180억 원이다. 그런데 회당 광고 수익은 1억 원대로 떨어진 지 오래다. 완판이 되어도 3~4억 원 수준에 불과하다.(평균 24억 원, 베스트가 48억 원) 국내 VOD, 초방 방송권 등 판매 수익도 회당 2억 원 남짓이다. 내수 시장에서 드라마 매출은 회당 3~5억 원(총 제작비 36~60억 원)을 넘기 힘들다. 해외 판매도 회당 20~30만 달러 정도가 현실적인 상황이다. 따라서 드라마 회당 수익은 아무리 잘되어도 10억 원을 넘지 못한다. 평균적으로는 5억 원 수준도 채 안 된다.

결국 글로벌 OTT가 100억 원 이상을 주고 사줘야 한다. 그렇지 않은 드라마는 모두 100억 원 이상의 적자가 날 수밖에 없다. 드라마야 워낙 흥행의 기복이 있으니 한두 편은 감당하겠지만 연간 6~7편의 드라마를 못 팔면 방송사는 그야말로 곡소리가 난다.

그런데 넷플릭스가 연간 구매하는 방송사 드라마는 20편 남짓이다. 100편이 넘는 드라마 중 20%, 디즈니플러스까지 포함해도 30편 수준일 것이다. 70%의 드라마는 대규모 적자에서 벗어날 수 없는 것이 엄혹한 현실이다.

넷플릭스 구독자는 이미 600만 명이 넘는다. 계정을 공유하는 시청자를 포함하면 월 1,000만 명이 넘게 쓰며 이제 메인 시청 채널이 되었다. 넷플릭스 시청자들은 더 이상 드라마 시간에 맞춰 드라마를 보지 않는다. 내가 원하는 시간에 본다. 그러니 방송사 시청률은 떨어지고 연쇄적으로 광고 수익도 떨어진다. 넷플릭스에 팔려도 안 팔려도 고민이다.

더 큰 문제는 계속 늘어날 것처럼 보였던 넷플릭스의 투자비가 늘지 않고 있다는 점이다. 23년까지 큰 폭으로 늘었던 한국 콘텐츠 투자비는 늘지 않고 있다. 넷플릭스만 쳐다보던 드라마 시장은 돈줄까지 말라가자 아우성을 치기 시작했다.

그런데 넷플릭스는 한국 드라마에만 올인하지 않

는다. 최근 태국 시장을 적극적으로 키우고 있다. 〈매드유니언〉과 〈헝거〉의 성공은 제2의 태국판 〈오징어 게임〉의 가능성을 보여줬다. 침체되어 있던 일본 드라마 시장은 가성비와 잠재력을 모두 갖춘 곳으로 K드라마의 대체재로 육성하고 있다. 총체적 위기다.

드라마의 수요는 OTT 구조조정으로 수요가 감소했고 넷플릭스는 더 이상 한국 시장에 올인하지 않는다. 두세 배 올라간 제작비는 떨어질 줄 모르고 수익성은 두 배로 악화되었다. 광고 시장이 매년 20%씩 역성장하며 끝없이 추락하고 있고 판매 수익도 이미 역성장이다.

MBC로서는 먹고 살 일이 걱정이다. 결국 해법은 기본으로 돌아가는 것 아닐까? 드라마의 핵심은 스토리와 창작성이다. 위기에서 MBC의 드라마를 되살린 드라마들을 보면 〈연인〉, 〈검은 태양〉, 〈옷소매 붉은 끝동〉, 〈밤에 피는 꽃〉, 〈수사반장〉, 〈이토록 친밀한 배신자〉 등이다. 이 드라마들의 공통점은 글로벌 톱스타도 작가도 없다는 것이다. 하지만 스토리와 완성도가 강했고 MBC 드라마는 부활에 성공했다. 24년 작품인 〈백설공주에게 죽음을〉, 〈원더풀 월드〉 같은 작품들은 누구도 흥행을 예상하지 않았다. 결국은 스토리다.

또 다른 한 축은 극본 공모다. 〈어쩌다 발견한 하루〉, 〈검은 태양〉, 〈이토록 친밀한 배신자〉, 〈옷소매 붉은 끝동〉 등의 드라마는 MBC 극본 공모를 통한 신인 작가들의 작품이었다. 2026년 기대작인 〈21세기 대군부인〉도 극본 공모 당선작이다.

결국 스토리와 창의력만이 디딤돌이 될 것이다. 새로운 작가를 MBC 생태 구조의 한 축으로 양성하고, 스타 배우나 작가에 의존하는 드라마가 아닌 스토리와 연출력으로 승부를 거는 드라마를 만드는 공장이 돼야 한다. 초저가 제작비로 만들지만 탄탄한 스토리를 가진 드라마, 여기가 새로운 출발이 돼야 할 것이다. 흥행이 보장된 MBC 드라마에 출연하면 스타가 될 수 있다는 소문이 났으면 좋겠다.

부패 월드컵

2014년 3월 17일, 나는 10여 일간의 우크라이나 위기 상황 취재를 마치고 파리로 돌아오기 위해 심페로폴 공항에 있었다. 장기 출장의 끝에 취재진의 대화 내용은 매번 비슷하다. “돌아가 무엇을 먹을까?” 순댓국, 김치찌개, 삼겹살 등등 이런 얘기에 한두 시간이 훌쩍 지나간다. 파리에 있는 한식당 중 순댓국은 어느 집이 최고봉이고…. 이날 역시 집에 간다는 들뜸 속에 공항 흡연 구역에서 담배를 피우며 동료와 한식 얘기에 여념이 없었다.

그때 한 경찰이 살짝 미소를 띤 채 다가오더니 여권을 보여달라고 했다. 당시 우크라이나의 혼란스러운 상황 때문에 이뤄지는 불심검문 정도로 생각하고 아무런 경계 없이 여권을 내밀었다. 그런데 여권을 받은 이 경찰의 표정이 돌변하며 사무실로 따라오라고 했다. 뭔가 불길한 예감을 피할 수 없었다.

나 무엇이 잘못됐나요?

경찰 당신들은 금연 구역에서 담배를 피웠습니다.

나 "아니에요. 우리가 담배 피우던 곳은 흡연 구역이었어요. 흡연 구역을 표시하는 그림을 분명히 봤습니다."

경찰 아니, 당신들은 흡연 구역에서 한 발짝 벗어나 있었습니다.

(기자는 경찰의 강직하고 엄밀한 원칙주의의 기습에 몹시도 당황했다)

나 죄송합니다. 잘못했어요.

경찰 벌금을 내야 합니다. 스티커를 끊어줄 테니 시내에 나가 벌금을 내고 오세요.

(출국 수속도 시작하지 않은 이때 비행기 출발 시각은 채 1시간이 남지 않았었고, 시내까지 나갔다 다시 오려면 적어도 1시간은 잡아야 하는 상황이었다)

나 그렇게 하면 비행기를 놓칠 수밖에 없어요. 한 번

만 봐주세요.

경찰 일단 당신들 뒤에 있는 문을 닫으세요. 그러면 벌금을 쉽게 낼 수 있는 방법을 알려주겠습니다.

(나는 문을 닫았다)

경찰 당신들 편의를 생각해서 이 자리에서 벌금을 내도록 해주겠어요.

(경찰은 종이를 꺼내더니 숫자 70을 적어서 내밀었다. 당시 내 지갑에는 대략 100유로 정도의 현금이 있었다)

나 알겠습니다. 70유로를 지금 내겠어요.

(순간 경찰의 표정에 아주 희미한 환희가 스쳐 지나가는 것을 느꼈다)

경찰 아니 아니 각자, 1인당 70유로란 말입니다. 당신 직원까지.

나 이 친구는 내 스태프로 현금을 하나도 안 가지고 다녀요. 그리고 저는 현재 140유로가 없습니다.

경찰 정 그렇다면 편의를 봐 드릴게요. 가지고 있는 현금만 내세요.

지갑에 있던 현금을 탈탈 뜯긴 뒤 여권을 돌려받고 사무실을 빠져나오던 내 뒤통수에 원칙주의 경찰이 준엄한 한마디를 덧붙였다.

"벌금을 사무실에서 냈다는 것은 기밀 사항이니, 절대 외부에 발설하지 마세요."

그런데 사무실을 빠져나와서야 내가 얼마나 멍청한 짓을 했는지 깨달았다. 유럽인들의 숫자 표기 방법에 익숙하지 않았던 것이다. 이들은 우리가 7자를 쓰듯이 1자를 쓴다. 즉, 이 원칙주의자 경찰은 10유로를 달라고 한 것인데, 내가 70유로를 준다고 나서자, 지갑에 있는 돈을 본 뒤에는 순발력 있게 '각자(each)'란 말을 애드리브로 꺼내며 한 편의 드라마를 완성한 것이다.

내가 출장을 다니며 겪은 나라 중 '부패' 월드컵을 연다면 우크라이나를 쉽게 따돌릴 만한 강력한 우승 후보가 한 곳 있다. 바로 아프리카 대륙이다.

나는 2014년 초 신년 기획 기사를 취재하기 위해 마다가스카르의 수도 안타나나리보에 있었다. 그곳에서 차를 몰고 다니려면 잔돈을 항상 가지고 다녀야 했다. 수시로 차를 세우는 경찰관들은 어떤 명분도 없이 노골적으로 돈을 요구하곤 했다. 통역을 하고 취재진을 안내하며 차량 운전을 해준 사람은 한국 교민이었는데, 이 사람과 경찰관의 대화 내용은 이렇다.

경찰 내가 아이가 여러 명입니다. 부탁해요.

가이드 돈 달라는 경찰이 오늘만 벌써 몇 번째인 줄 압니까? 나는 당신 서장과 잘 아는 사이입니다. (지갑 속 사진을 보여주며) 이렇게 사진도 같이 찍을 정도로."

경찰 (웃으며) 아, 서장 만나면 제 얘기 좀 잘 해주세요!

(이런 말을 하면서도 손은 여전히 내밀고 있고, 결국은 돈을 받아 챙기면서 덧붙였다)

경찰 진짜 서장에게 제 얘기 좀 잘 해주세요. 제 이름은 OOO입니다.

마다가스카르가 우크라이나보다 부패 측면에서 한 수 위라고 느껴졌던 것은 경찰관들이 돈을 요구하는 모양새가 노골적일 뿐만 아니라 부패가 생활 전반에 파고들고 있다는 점 때문이었다. 경찰뿐 아니라 취재진의 취재 보조를 했던 현지인들이 수시로 잔돈을 속이려 했던 것을 목격했기 때문이다.

아프리카는 성장 가능성이 무궁한 대륙이다. 각종

자원이 풍부함은 물론 무엇보다 12억 명의 인구를 가지고 있는 거대 대륙이고, 인구증가율이 세계에서 가장 높다. 2050년까진 인구가 25억 명에 이를 것이란 것이 유엔의 예측이다. 그만큼 젊은 대륙이라는 뜻이고 이 중 일부만 중산층으로 발전해도 그 시장가치는 엄청나게 커지기 때문이다. 성장에 치명적 장애가 되던 국지적 분쟁도 10여 년 전에 비해 눈에 띄게 줄면서 정치적 안정성도 자리 잡고 있다.

그런데 이 발전 가능성을 치명적으로 가로막는 것이 바로 열악한 기반 시설과 부패다. 2014년 국제투명성기구의 조사 결과 케냐인 중 본인이나 가족이 뇌물을 건넸던 경험이 있는 비율이 42%나 될 정도다. 부패는 엄청난 사회적 비용을 발생시킨다. 단순히 물류비용만 예로 들면 아프리카의 한 나라에서 생산된 물품을 이웃 나라에 수출하는 물류비용보다 중국에서 생산된 물건을 화물선으로 수입하는 것이 더 싸다는 통계도 있다. 열악한 도로 사정에 더해 가는 곳마다 뇌물을 건네야 하는 비용이 물류비용을 엄청나게 높이기 때문이다.

거리에서 만난 아이들의 모습이 떠오른다. 환하게

웃고 있는 천진한 아이들의 미래가 부패로 멍들고 있다.

* 이 글은 2014년에 작성된 글로, 각종 통계나 상황이 현재와 다를 수 있다.

발의 예측과 머리의 예측

도시는 도시마다 고유의 인상이 있다. 브뤼셀은 파리의 바탕화면에 동유럽의 우울한 색감을 수채화로 칠해 놓은 듯하다. 프랑스에서 벨기에 국경을 넘어서면 도대체 어디가 국경인지 알 수도 없지만, 묘하게 풍경이 바뀐다. 나무들의 색감이 짙은 녹색으로 변하는 것이 가시적으로 느껴진다. 국경이 바뀌는 풍경은 실제로 존재한다.

파리의 생기발랄함은 국경을 넘은지 수 킬로미터 못 가 벨기에 특유의 색감으로 바뀐다. 벨기에인들은 술을 많이 먹는다. 전반적인 느낌이 프랑스보다 벨기에가 더 한국적이다. 세바스토폴은 동구권 특유의 시무룩한 평화가 바탕색이다. 시무룩한 사람들과 따듯한 햇빛, 과일도 시무룩해 있다. 낯선 곳에 가면 열려 있어야 그 도시의 나신을 만날 수 있다.

지난 2014년 3월, 나는 우크라이나의 심페로폴을 거쳐 흑해함대가 있는 세바스토폴에 출장 중이었다. 세바스토폴의 첫인상은 독특했다. 인종적으로는 절대다수가 러시아계 백인들의 도시. 고색창연하고 화려한 건물들과 무표정한 사람들. 과거 공산주의 통치 당시의 분위기가 아직도 남아 있기 때문일까?

세바스토폴을 생각하면 식당 하나가 떠오른다. 며칠째 고기와 정체불명의 음식만 먹다 보니 한계에 도달하기 시작한 순간 세바스토폴에서 발견한 식당이 바로 '흑해식당'이라는 곳이다. 흑해에서 건져 올린 온갖 생선을 구워주는 곳인데, 생선 외에도 우리와 종류가 다르긴 하지만 밥도 준다.

가격도 파리에 비하면 3분의 1도 되지 않아 천국을 발견한 듯했다. 하숙집 밥 먹듯 3일 가까이 밤낮으로 들락거렸다. 생전 보기 힘든 동양인 손님을 열렬한 단골로 만든 식당 종업원들도 친절하기가 우리나라의 동해 항구에 있는 생선구이집 이모들 못지않았다. 하지만 결론은 역시 과함은 부족함만 못하다는 것이었다. 그 후로 몇 개월을 생선 그림만 봐도 헛구역질이 나려고 했다.

당시는 크림반도를 둘러싸고 러시아와 우크라이나 간 긴장 수위가 극단적으로 높아지던 때였다. 과연 러시아의 우크라이나 영토인 크림반도 합병 가능성을 놓고 여러 예측이 나오고 있었다. 당시 세계 언론의 주류적 해석은 러시아가 크림반도를 가져가지 못할 것이란 것이었다. 나도 마찬가지였다. 그 예측의 논리적 근거는 대충 이러했다.

첫째, 러시아가 크림반도 합병에 나설 경우 이를 막으려는 우크라이나와 우크라이나를 돕는 서방의 NATO, 즉 러시아와 서방이 정면충돌할 수 있다. 이런 위험을 양측 모두 감내할 만한 상황이 아니다.

둘째, 러시아가 크림반도를 합병할 경우 우크라이나 중앙정부는 눈치 볼 것 없이 NATO에 가입하게 될 가능성이 크고 군사적 요충지인 우크라이나의 NATO 가입은 러시아가 피하고 싶은 최악의 상황이다.

셋째, 더욱이 우크라이나가 소비에트 연방으로부터 독립할 때 한 약속이 있었다. 바로 부다페스트 양해각서. 우크라이나의 핵무기를 모두 폐기하는 대신 우크라이나의 영토와 안보를 보장한다는 약속이었는데, 미국과 영국은 물론 러시아도 참여한 약속이었다.

이런 논리적 기반을 머릿속에 넣어 둔 채 현지인들을 취재하고 있었다. 그런데 분위기가 이상했다. 절대다수가 러시아 계열인 세바스토폴 주민들의 러시아 편입을 향한 열망이 순도 높게 강렬했다. 이곳 주민 대다수는 크림반도를 과거 구소련의 흐루쇼프가 술에 취한 기분에 우크라이나에 넘겼다는 '설'을 사실로 믿고 있었다.

당시 통역을 맡은 20대의 젊은 여성에게 주민들 인터뷰를 부탁한 일이 있었다. 그런데 황당한 일을 겪어야 했다. 부다페스트 양해각서 등을 포함해 크림반도 병합에 불리한 질문을 주민에게 해달라고 하자 이 아가씨가 그 질문은 통역을 못 하겠다고 버티는 것이다. 평소 친절하던 아가씨의 돌변한 태도와 통역비까지 받았으면서 막무가내로 버티는 고집이 당황스러웠다.

또 다른 일도 있었다. 로버트 드니로와 거의 흡사

하게 생긴 통역 겸 택시 운전사와의 만남이었다. 마도로스 출신으로 한국도 몇 차례 왕래한 이 초로의 아저씨 덕을 많이 봤다. 시원시원한 성격에 카리스마까지 있는 이 택시 운전사의 도움에 여러 장애를 피할 수 있었다.

당시 러시아계 무장세력이 크림반도 곳곳에서 무력시위를 벌이고 있었고, 취재 중이던 서방의 기자들이 폭행당하는 일도 종종 벌어지던 상황이었다. 그런데 동네 터줏대감인 이 아저씨가 총을 든 무장대원들에게 어깨를 툭툭 치며 요청하면 별다른 위협 없이 촬영 허가를 받을 수 있었다.

취재를 마치고 돌아오는 택시 안에서는 스스럼없이 농담을 할 정도로 친해져 있었다. 그래서 내가 물었다.

"크림반도가 어떻게 될 것 같나요?"

그러자 이 아저씨는 단 한 순간도 망설이지 않고 대답했다.

"푸틴이 알아서 해줄 거에요. 러시아에 병합됩니다."

나는 앞서 말씀드린 병합이 어려운 상황의 '논리'를 바탕으로 그렇지 않을 것이라고 했다. 한참을 듣던 아저씨가 고개를 절레절레 흔들더니 1달러 내기를 하자고 했다.

하지만 결과는 아시다시피 나의 완패. 푸틴은 말 그대로 크림반도를 날름 집어삼켰다. 물론 나의 자존심과 함께 '부다페스트 양해각서'도 한 방에 휴지 조각이 됐다. 나는 파리에 돌아온 뒤 이 아저씨에게 1달러를 송금하지 못했다. 전화를 걸어 계좌번호를 물어봐야 되는데 여러 가지로 부끄러워서….

2015년 7월 나는 그리스 아테네에 있었다. 몹시 더웠다. 여담이지만 하나를 배웠다. 그 나라의 풍토와 음식은 역시 궁합이 맞는다는 것. 그리스 특유의 '냉커피'가 건조한 그리스의 태양을 견디는 데 얼마나 도움이 되었는지 모른다. 물론 하루 냉커피를 5, 6잔씩 마셨더니 아무리 피곤해도 잠을 잘 자지 못하는 부작용은 있었다. (파리에서도 역시 여름에 냉커피를 주문하면 주긴 하지만 그리스의 냉커피와는 차원이 다르다.)

아테네로 향한 이유는 '그렉시트', 즉 그리스가 유럽연합에서 탈퇴할지 말지를 놓고 소용돌이에 휩싸여 있었기 때문이다. 당시 현지 언론의 국민투표에 대한 여론조사 결과는 서방 채권단과의 협상안 찬성(그렉시트 반대)쪽과 반대(그렉시트 찬성을 의미하는 것으로 해석)가 초박빙으로 나타나고 있었다.

물론 치프라스 총리는 협상안에 반대하면 그렉시트가 되는 것이 아니라 더 좋은 조건에서 채권단과 협상할 수 있다는 것이었다. 하지만 채권단은 협상안이 부결되면 그렉시트로 이어질 수밖에 없다는 입장이었다.

여론조사는 한 치 앞을 알 수 없는 초박빙인데, 피부로 느끼는 분위기는 전혀 그렇지 않았다. 인터뷰의 균형을 맞추기 위해 찬성하는 진영을 일부러 찾아가지 않는 한 거리에서 만나는 사람들, 택시 기사들 등 말을 걸어본 모든 사람이 예외 없이 협상안에 '오히'였다(현지 말로 반대는 '오히', 찬성은 우리말 비슷하게 '네'라고 한다).

고개를 갸우뚱하지 않을 수 없었다. 사석에서 말을 걸어본 현지인 중 단 한 사람도 '네'라는 사람이 없었기 때문이다. 뿐만 아니라 반대하는 감정적 강도가 대단히 단호했다. 그래서 개인적으로 협상안 반대 결과가 나올 것이라고 믿게 됐다.(물론 여론조사 결과 때문에 기사는 반반 가능성으로 쓸 수밖에 없었다.)

그리고 투표 하루 전 기사 송고를 마친 나는 동료와 함께 호텔 앞에서 맥주를 한 잔 하고 있었다. 내 앞에는 슬로베니아 기자가 혼자 기사 작성을 마친 뒤 맥주를 마시고 있었다. 당시 아테네에는 전 세계의 기자들이 몰려들었고 인터넷 사정이 좋지 않아 카페나 술집에서 기사를 송고하는 기자들을 심심찮게 볼 수 있었다.

하루 일을 끝낸 홀가분함인지 이 슬로베니아 기자가 술을 혼자 꽤 먹는 듯싶더니 내게 와 말을 걸어왔다. "투표 결과를 어떻게 예측하나요?" 나는 '오히', 즉 협상안 반대파가 이길 것이라고 했다. 그랬더니 이 슬로베니아 친구 술기운이 약간 올라 말을 쏟아내기 시작했다.

슬로베니아 기자 저는 이웃 나라라 오랜 기간 그리스를 취재해 왔습니다. 현 상황은 '오히'가 절대 이길 수 없어요. 사람들은 그렉시트를 마음속으로 용납하지 못 해요. 그렉시트는 과거로 돌아가는 것이란 걸 잘 알고 있습니다.

나 그런데 왜 제가 만나본 사람들은 하나같이 '오히' 일까요?

슬로베니아 기자 '오히'라는 사람들이 감정적으로 격앙돼 있으니까 '네'라는 사람들이 말을 하지 않을 뿐입니다. 내기해도 좋아요.

나 오케이. 투표 결과 나오면 맥주 한 잔 사기로 내기 합시다! 언제 귀국하나요?

슬로베니아 기자 투표 결과 나온 뒤 일주일 뒤까지 현지 상황 취재한 후 돌아갑니다.

나 나보다 3~4일 더 계시는군요. 숙소는 어디인가요?

슬로베니아 기자 당신과 같아요.

결과는 나의 한판승이었다. 그리고 같은 호텔에 묵고 있고 저보다 3~4일 이후 슬로베니아로 돌아간다던 그 친구는 웬일인지 투표 결과가 나온 이후 한 번도 마주칠 수 없었다.

'오히'를 선택했지만 그리스는 결국 유럽연합에 남았다. "협상안에 반대하면 더 좋은 협상 조건을 만들 수 있다"던 치프라스 총리의 말도 정치적 술수로 결론났지만, 치프라스 총리는 자신의 정치적 생명만을 연장한 채 채권단의 더욱 가혹한 조건을 모두 수용했다.

유럽을 들끓게 하던 그리스 선거는 그리스인들의 '논리'가 아닌 '감정'이 어디에 있었는지만을 보여주는 소동이 돼 버렸다. 나는 개인적으로 인류가 '이성'적 동물이라는 분류를 별로 신뢰하지 않는다.

시무룩한 도시 세바스토폴의 거리의 악사.

불편해도 괜찮아,
프랑스 식당 적응기

휴가철의 프랑스 파리. 일시에 인간들을 소거해 버린 도시는, 낭만의 골격을 간직한 채 미라로 남는다. 적막감을 즐기며 걷는 파리는 아름다웠다. 텅 빈 성당과 텅 빈 지하철. 한적한 거리를 하염없이 걸을 수 있는 휴가철의 파리를 나는 사랑한다.

내가 휴가철의 파리를 유독 좋아하게 된 것은 특파원으로 일한 2014년부터 정말 엄청난 테러들이 잇따라 일어났기 때문이다. 정말 눈코 뜰 새 없이 바빴고, 유럽의 호텔들을 하염없이 돌아다녀야 했다. 그래서 휴가철 파리의 한가함이 더욱 좋았던 듯하다.

프랑스에 온 동양인, 특히 한국인 관광객이나 주재

원들의 경우 프랑스 식당에 적응하는 데 시간이 좀 걸린다. 성격 좋은 사람의 경우 "답답하다"이고, 성격 급한 사람들은 "화가 치솟는다"고 반응한다. 워낙 유명 관광지이다 보니 식사 시간에는 대부분 식당이 손님으로 넘쳐나는 데 식사를 하고 나오기까지 시간이 너무 오래 걸리기 때문이다. 우선 주문부터가 쉽지 않다. 그 과정은 이렇다.

일단 식당이나 카페에 가 빈자리를 찾는다. 전혀 모르는 사람들이 팔이 맞닿을 정도로 다닥다닥 붙어 있는 작은 틈에 비집고 앉기가 일단 어색하고 불편하다. 그리고 종업원이 메뉴판을 가져오길 기다린다.

메뉴판을 검토한 뒤에는 주문해야 하는데 어지간히 기다리지 않고는 종업원이 오질 않는다. 그렇다고 해서 큰 소리로 종업원을 부르거나 과격하게 손을 휘휘 내저으면 예의 없는 사람이 되고, 종업원들의 노골적인 냉대를 받을 수도 있다.

방법은 하나. 열심히 손이 비어 있는 종업원의 행방을 찾은 뒤 눈을 맞추려 노력하고, 눈이 마주치면 손을 살짝 들어 부른다. 여기까지 심할 경우 20여 분이 걸리는 수가 있다. 자! 그 뒤에는 물론 식사를 기다려야 한다. 또 기다린다.

문제는 식사 도중 포크를 떨어뜨렸거나 추가 주문을 하고 싶을 때다. 눈을 마주치는 데까지 또 시간이 걸린다. 그래서 프랑스에서 조금 살다 보면 추가 주문을 하지 않기 위해 한 번 종업원이 왔을 때, 가능한 마음속에 점검한 뒤 필요한 모든 것을 한번에 주문하게 된다.

식사가 끝난 뒤에는 자리에 앉아 계산서를 가져오라고 해야 하는 데 역시 기다려야 한다. 계산서를 본 뒤 바로 그 자리에서 현금을 주면 그래도 식사의 여정은 그럭저럭 끝난다. 그러나 카드로 계산할 경우 혹은 재수가 없을 경우 다시 종업원이 사라졌다가 카드 단말기를 들고 올 때까지 꽤 긴 시간을 기다려야 할 때도 있다.

한국의 속도전에 익숙한 분들은 끓어오르는 분노를 꾹꾹 눌러 담게 된다. 게다가 프랑스 음식 대부분이 한국인들의 입맛에는 그리 친화적이 아니다 보니 '이걸 먹으려고 내가…' 마음속에선 울화통이 터지는 소리가 나오기 시작한다.

물론 어마어마한 가격의 고급 식당을 가면 환상적

인 서비스를 받는다. 기다림도 없다. 그러나 한없는 기다림이 이어지는 일반 식당의 경우에도 1인당 최소 20유로, 우리 돈 2만 원이 훨씬 넘는 돈을 내야 한다.

이런 경우를 겪고 보면 한국 식당의 서비스가 얼마나 경쟁력이 있는지 절감하게 되고, 한국의 밥값이 정말 싸다고 느끼게 된다. 한국의 식당은 어떠한가? 평범한 식당도 "여기요" 하며 손 한번 번쩍 들면 거의 뛰다시피 하는 종업원들. 조금 친절하다는 식당은 종업원이 전체 식당 손님들을 예리하게 주시하며 떨어진 반찬을 알아서 바꿔주기도 하지 않는가?

거기다 1인당 2~3만 원 정도의 고급 식당이면 아르바이트하는 젊은이들이 거의 꿇어앉다시피 하는 자세로 주문을 받고, 지나칠 경우에는 손님뿐 아니라 서빙하는 음식에까지 최상급 존대어를 구사하며("스파게티 나오셨습니다") 극한의 친절을 선물한다.

그렇다고 프랑스 식당의 종업원들이 불친절하지는 않다. 다만 서빙을 하는 종업원의 수가 부족하고, 지나치게 당당하긴 하다. 내가 겪은 두 가지 사례가 있다.

1

느끼한 미소의 한 카페 종업원이 우리 일행에게 커피와 음료를 서빙하고 있었다. 농담도 걸고 친절했다. 그런데 이 친구가 음료를 탁자에 놓으려고 할 때 일행 중 하나가 순전히 선의로 도와주기 위해 컵에 손을 뻗치다 음료가 좀 쏟아졌다. 그러자 이 친구가 정색하며 말했다. “서빙을 하는 것은 내 일이고 나의 노하우가 있습니다. 당신들은 손님입니다. 왜 남의 일에 끼어들어 위험하게 만듭니까?” 어이가 없었다.

2

우리 취재진이 점심 식사 후 목이 말라 한 카페에 들렀다. 음료를 시키자 몹시 쾌활해 보이는 한 중년의 종업원이 짓궂은 웃음을 흘리며 우리 여직원에게 물었다. 손짓까지 하며 “아주 작은 크기로 주문하겠어요? 아니면 먹을 만한 보통 크기로 주문하겠어요?” 이런 질문을 받으면 당연히 보통 잔을 주문한다. 우리도 물론 보통의 잔을 주문했다.

그런데 우리가 받은 음료수 잔을 보니 지나치게 큰 사이즈였고, 이 친구가 “아주 작은 크기”라고 표현한 그 잔이 상식을 가진 누구나가 생각하는 '보통 크기'였다. 우리가 놀라는 표정을 짓자, 이 친구 잔을 내려놓으며 장난기 어린 표정으로 씩 웃는다. 그러나 그리 불쾌하진 않았다. 워낙 유쾌하게 서빙하는 일을 즐기고 있었기 때문이다.

이들이 당당할 수 있는 이유는 뭘까? 인품이 훌륭하거나 뻔뻔해서는 당연히 아닐 것이다. 상대적으로 삶이 안정돼 있기 때문이다. 시간당 세전 최저 임금이 9.67유로. 주 35시간을 일했을 때 한 달 1466.62 유로, 우리 돈으로 2백만 원 가까운 돈을 받는다. 그런데 이 중 일부를 세금으로 내야 하니 물론 풍족할 순 없다.

하지만 세금에는 연금과 의료보험, 실업수당 등이 포함돼 있고 이들의 임금에서 나가는 세금을 제외하고, 식당 주인은 종업원에 대해 따로 일정 부분 이들의 연금과 의료보험, 실업수당 등을 국가에 내야 한다. 일하다 해고될 경우 종업원들은 일단 실업수당을 받고, 또 모든 직업과 마찬가지로 42년 정도를 일하면 연금을 받는다.

초등학교부터 대학교까지 교육비가 무료이다 보

니 비록 충분치는 않은 월급이라 하더라도 생활과 노후를 크게 걱정할 필요가 없다. 식당 서빙도 별로 주눅들 것 없는 당당한 직업으로 인식되고, 평생 한 식당에서 종업원으로 일하는 경우가 아주 흔하다. 그래서 중년을 넘어 노인 종업원도 종종 볼 수 있다.

이렇다 보니 식당 주인과는 동업자적 관계가 형성되고, 자기가 주인인 것처럼 손님들을 대하는 것이다. 실제로 몇십 년씩 한 식당에서 일하는 종업원의 경우 수익의 일정 부분을 임금에 더해 받는 경우도 많다.

이런 배경 때문에 프랑스 식당에서 일하는 종업원들을 관찰해보면 대단히 유쾌하게 일을 한다. 갑을 관계의 의무적 친절함이 아니라 손님과 농담을 주고받으며 동등한 입장에서 일을 즐긴다는 느낌이랄까. 다른 모든 상점도 비슷하다.

프랑스에선 가방 가게건 식당이건 들어가는 손님이 종업원에게 먼저 "봉주르" 하며 인사하는 것을 예의로 여긴다. 손님은 말 그대로 손님이고, 집주인은 안에 일하는 업소 종업원들이라는 얘기다. 낯선 이가 남의 집에 왔으면 주인에게 인사를 먼저 건네고 주인은 당연히 답례 인사를 하는 것이란 생각이다.

따라서 사람을 쓰는 비용이 비싸고, 업주 입장에서는 신속한 서비스가 가능한 충분한 인원보다는 식당이 돌아갈 만한 최소 인원을 고용한다. 이 때문에 물론 음식값도 더 비싸다. 프랑스에서는 사람의 서비스가 포함되면 무엇이든지 값이 크게 뛴다. 즉 인건비가 비싸다. 집에서 해먹는 식재료는 우리나라보다 품질이 뛰어나고 더 싸지만, 식당 음식은 우리보다 훨씬 비싸다.

그러나 이곳에 익숙해지다 보니 문득 이런 생각이 든다. 식당이나 상점에 갈 때 우리도 불편함에 익숙해질 수는 없을까? 모두 조금씩 불편함을 참고, 서로가 조금씩 더 사람 대접을 받으며 살면 안 될까? 그러면 결국 돌고 돌아 우리 모두 더 나은 사람 대접을 받게 되는 것이 아닐까?

마레 지구 인근의 카페. 혼자 들렀다
고즈넉함이 맘에 들어 사진에 담아왔다.

귀여운(?) 할머니와 표현의 자유

파리 외곽에 위치한 우리 숙소 윗집에는 노부부가 살고 계셨다. 이 가족은 그 구성 자체가 유럽연합의 축소판인데, 할머니는 프랑스인, 할아버지는 이탈리아인, 사위는 네덜란드인이다. 할머니는 젊은 시절 이탈리아어 동시통역사로 출장을 갔다가 할아버지와 사랑에 빠졌다고 한다.

할머니는 당연히 프랑스어는 물론 이탈리아어와 영어를 자유롭게 구사한다. 우연히 이 노부부와 친해지게 되어 노르망디에 있는 이분들의 별장에 식사 초대를 받아 방문하게 됐다. 말 그대로 프랑스의 전원풍이 그대로 드러나는 그림 같은 별장이었다.

이 노부부가 대화하는 장면을 보면 내가 왜 귀여운

할머니라고 표현했는지 어느 정도 공감할 수 있을 것이다. 프랑스인 할머니와 이탈리아인 할아버지의 어법은 상당히 다르다.

나 네덜란드인 사위는 프랑스어를 잘하나요?

할아버지 처음 만났을 때는 좀 어색하더니 요즈음은 꽤 괜찮아졌어.

(할머니가 생글생글 웃으며 불쑥 대화에 끼어들었다)

할머니 사위를 처음 만났을 당시에도 수십 년 프랑스어를 한 당신(할아버지)보다 발음도 좋고 능통했지요."

할아버지 그렇지는 않지….

할머니 "정확히 얘기하면 사위는 단 한 번도 당신보다 프랑스어를 못한 적은 없어요!"

(나는 재밌기도 하고, 약간 민망하기도 해서 끼어들며 화제를 돌렸다)

나 애나벨(노부부의 래브라도종 개)이 저를 좋아하는 것 같아요. 이렇게 제게 기대는 걸 보면.

(할아버지를 타박하던 할머니가 고개를 돌려 쳐다보았다)

할머니 그럴 줄 알았어. 애나벨은 진짜로 젠틀맨만 좋아하거든요.

참고로 노부부와 우리 가족이 친해졌다고는 해도 이웃으로 지낸 지 얼마 되지 않은 동양인 부부를 초대한 자리이니만큼 서먹함은 당연히 어느 정도 있고, 마음 놓고 농담할 사이는 아니었을 것이다. 내가 이 식사 자리의 한 장면을 소개하는 것은 이 대화에 프랑스인들의 전형적인 '표현의 문화'가 엿보이기 때문이다.

프랑스인들은 정말 말하는 것을 좋아한다. 또한 그 대화가 재밌어야 한다고 믿는다. 우리의 경우, 부부가 남들과 함께 있을 때 아주 친한 사이가 아니라면, 부부 간에도 배우자의 말에 가능하면 이의를 달지 않는다. 또한 배우자에게 핀잔을 주는 것을 점잖지 못하다고 생각하기도 한다.

하지만 프랑스 부부는 꽤 예의를 갖춰야 하는 자리에서도 서로에 대한 유쾌한 반박과 조크 등이 없으면 재미없는 대화라고 생각하는 경향이 있다. 그래서 프랑스인들의 대화를 지켜보다 보면 불쑥불쑥 잘 끼어드는 것은 물론 질문을 해놓고 대답이 나오기도 전에 자기 견해를 쏟아내는 경우도 자주 볼 수 있다.

내용보다 더 중요한 것은 대화 과정과 표현 자체를

즐기는 것이다. 심지어 구걸하기 위해 지하철에 올라탄 거지도 왜 자신이 이 지경까지 이르게 됐는지, 왜 자신에게 돈을 줘야 합당한지 서론·본론·결론을 조리 있게 완성하여 일장 연설을 하는 모습을 종종 볼 수 있고, 또 말을 잘하면 물론 돈도 많이 건힌다. 즉 '말'을 포함한 '표현의 자유'와 재미는 이들의 삶과 분리할 수 없는 일부분이란 얘기다.

2015년 1월 예언자 무함마드를 모욕했다며 이슬람 광신도들이 주간지 〈샤를리 엡도〉 사무실에 총기를 난사해 12명의 목숨을 살상한 테러를 기억하실 것이다. 아시다시피 프랑스 전체가 들끓었다.

프랑스 전국의 거리는 "나는 샤를리"라고 외치는 수백만의 사람들로 뒤덮였다. 나도 취재를 위해 집회가 이뤄지던 거리 한복판에 있었는데, 그 열기와 그들의 연대감에는 분명 사람을 뭉클하게 하는 '무엇인가'가 있었다.

그 열기의 근간은 물론 '테러'라는 용납할 수 없는 야만에 대한 분노였을 것이다. 하지만 분노에 그치지 않고 사람들을 거리로 쏟아져 나오게 한 도화선은 바로 '표현의 자유'를 '테러'로 짓밟으려 했다는 데 대한

'반발'이었다.

그런데 문제는 이 잡지의 내용이 나가도 너무 나간다는 데 있다. 이슬람의 종교적 성인을 외설적으로 표현하고, 테러 1주년이 지난 뒤에도 이슬람에 대한 끊임없는 조롱과 비아냥을 쏟아내고 있다. 이런 지경에 이르자, 상식이 있는 사람들의 비판이 생기고 갑론을박이 엎치락뒤치락 이어졌다.

'표현의 자유'는 물론 존중돼야 한다. 하지만 남의 신을 모독하고 조롱할 필요는 없다. 즉, 도덕적으로 건들지 말아야 할 '표현의 한계'가 분명히 있다는 얘기다. 역대 그 어느 교황보다 대중의 지지를 받고 있는 프란체스코 교황도 비판에 가세했다. 교황은 "누군가 나의 어머니를 모욕한다면 한 대 쥐어박힐 각오를 해야 한다"라며 샤를리 엡도의 이슬람 모독을 에둘러 비판했다.

이러한 주장이 상식을 가진 대다수 사람들의 지지를 받는 논리일 것이다. 그런데 문제가 그리 간단치는 않다. 이에 대해 반박하는 프랑스 표현의 자유 옹호

자들의 논리는 이렇다.

> "나는 샤를리"라고 외친 프랑스인들의 상당수는 무함마드를 조롱했던 그 잡지의 내용에 동의한 것이 아니고, 그 내용이 어찌 됐건 '표현의 자유'를 테러라는 야만적 행위로 짓밟으려 한 것에 대해 용납할 수 없다는 '대의'에 동의하기 때문에 "나는 샤를리"라고 외친 것이다.

사실 프랑스에서 〈샤를리 엡도〉란 잡지는 그리 품격 있는 정론지도 아니고 그 내용에 대해 시답잖게 여기는 사람이 훨씬 더 많다. 그럼에도 불구하고 표현의 자유는 침해할 수 없는 기본적 권리다. 저속한 잡지가 가진 표현의 자유도 여전히 자유의 가치를 갖는다. 저속하거나 싸구려 표현이라고 해서 외부에서 제약을 가하기 시작하면, 그 제약은 부메랑이 되어 가치 있는 표현에도 족쇄로 작용할 위험성이 다분하다.

문명의 역사에서 권력은 작은 명분만 있으면 언제든 맘에 들지 않는 표현을 제약하려 해왔다. 가치 없는 표현은 스스로의 한계 때문에 영향력을 가지지 못하기 마련이다. 가만히 놔뒀으면 〈샤를리 엡도〉의 주장 정도는 눈길을 끌지도 못했을 것이다. 이에 대해 광신도들이 아닌 상식을 가진 이슬람 신자들은 다시 이런 비판을 한다.

그렇게나 중요한 표현의 자유에 왜 모순적인 잣대가 존재하는가. 유대인들을 적대시하는 발언이나 인종차별적 증오를 부추기거나 행하면 범죄 행위로 왜 처벌하지 않는가? 너희들이 보호하려는 인간보다 이슬람 신자들이 훨씬 더 가치를 두고 있는 신을 모독하는 것은 왜 방치하는가? 실제로 지난 2008년 사르코지 전 대통령의 며느리가 유대인이라는 점을 조롱했다고 샤를리 엡도의 만화가를 해임하기까지 하지 않았는가? 표현의 자유에 대한 이런 이중 잣대를 용납할 수도 이해할 수도 없다.

다시 프랑스 표현 자유 옹호론자들의 반박이 이어진다.

그건 프랑스의 역사적 배경을 몰라서 하는 소리다. 1789년 프랑스 혁명과정에서 가장 중요한 성취 중 하나가 신권, 즉 교회 권리와 피흘려 싸워 인권을 확립한 것이다. 사실 가톨릭신자가 절대다수인 프랑스에서도 이전에 신성모독한 자를 사형에 처할 수 있는 법이 있었다. 인간의 문제와 교회의 문제를 완전히 분리하는 세속주의는 프랑스 혁명이 성취한 가장 큰 가치 중 하나다. 때문에 혁명 이후 신성모독을 포함한 표현의 자유를 확고히 확립한 것이다.(실제로 샤를리 엡도는 이슬람뿐만 아니라 가톨릭에 대해서도 숱한 조롱을 내놓았다.)

다만 유대인을 증오하거나 인종주의를 부추기는 행위를 처벌하는 것은 신이 아닌 인간에게 즉각적인 해를 가할 수 있는 위험성을 방지하기 위한 것이다. 그리고 덧붙이면, 프랑스인들이 이슬람 국가의 역사와 문화를 존중하기 때문에, 이슬람 너희 국가 안에서 신성모독을 방치해야 한다고 강요하지 않듯이, 너희도 프랑스의 역사와 문화를 존중해 프랑스 내에서 신을 모독할 수 있는 자유에 대해 왈가왈부하지 말아라!

표현의 자유에 대한 각각의 논리들을 대략 정리한 내용이다. 여러분은 어느 쪽인가?

끝으로 프랑스인들이 대화의 내용보다 재미를 더욱 중시한다는 것을 또 한 번 실감하게 된 것은, 위에서 말한 할머니와의 대화 이후 하루도 지나지 않아서였다. 할머니 말씀에 따르면 '신사'만 좋아한다던 그 개 '애나벨'이라는 녀석 때문이다. 그 녀석에게 신사로 인정받았다는 치기에 애정을 담아 관찰했다. 피부 색깔이 어떻건, 백번 만났건 생전 처음 안면을 튼 사이건 사람이란 종류를 만나면 무차별적으로 꼬리를 흔들며 치대고 안겼다. 결론적으로 녀석은 박애주의 견이었다.

특파원 말년 이사한 집 앞에 있던 유명 빵집.
1월 갈레뜨 데 후와(galette des rois) 파는
시즌이라 사람이 바글바글하다. 파리 사람들의
빵 사랑을 보여준다.

무슬림은 위험하다?

이곳 프랑스는 유럽 어느 나라보다도 무슬림 인구가 많다. 그래서 주변에서 무슬림을 만날 일도 드물지 않다. 내가 아는 한 무슬림 여성의 경우 여느 파리지앵 못지않게 세련된 외모에 개방적 성격을 가졌다. 온갖 주변 잡사에 대해 농담을 하기를 좋아하기도 한다. 그런데 이 여성의 얘기를 듣다 조금 놀란 기억이 있다. 만약 내가 여느 아랍 나라에서 이 여성을 만나 얘기를 나눴다면 그러려니 했을 것이다. 하지만 대화를 나눈 장소가 유럽의 중심 파리 한복판이었고, 이 여성은 파리에서 태어나 자란 사람이란 점에서 그랬다.

이 여성은 아이 셋을 두고 이혼했고, 전 남편과 사이좋게 아이들을 키우고 있다는 점에서는 여느 파리 여성과 다르지 않게 자유로웠다. 그래서 나도 별다른 조심성 없이 종교와 결혼에 대해 이것저것 질문을 했다.

아시다시피 수니파와 시아파의 종파 갈등은 이슬람 분쟁의 최대 요인인데, 이 여성은 다수파인 수니파였다. 그런데 전 남편은 시아파라고 했다. 결혼할 때 문제가 되지 않았느냐고 물었더니, 여자는 다른 종파의 무슬림에게 청혼을 할 수 없지만 다른 종파의 무슬림 남성이 청혼을 했을 때 여자가 수동적으로 승낙할 수는 있다는 대답이 되돌아왔다.

세련된 아주머니가 그 대답을 하며 전혀 이상할 것이 없다는 태도가 더욱 신기했다. 이처럼 무슬림과 얘기하다 보면 '좀 다르구나' 하는 생각이 들 때가 가끔 있다. 또한 다름을 넘어 여성 인권 문제에 있어서는 '틀리다'고 느껴지는 부분도 없지는 않다.

하지만 분명한 것은 이런 점이 테러나 극단주의와는 아무런 상관이 없다는 점이다. 그런데 문제는 극단주의와 테러에 대한 분노로 인해 막연하게 무슬림에 대한 적대감을 가진 사람들이 늘어나고 있고, 이들의 증오를 자극해 정치적 목적을 달성하려는 사람들이 늘고 있다는 점이다.

파리 테러 당시 테러 현장에 급히 가야 하는 절박한 상황에서, 한밤중에 택시는 잡을 수 없고 아무 차에나 손을 흔들어 도움을 요청한 적이 있다. 그런데 자신들의 목적지와 방향이 다른데도 친절하게 테러 현장까지 취재진을 태워준 젊은 부부가 있었다.

가는 동안 테러 상황을 개탄하며 바리케이드가 막혀 더 이상 접근할 수 없는 곳까지 함께 해준 부부였다. 너무도 고마워 연락처를 물어보고 다음에 맥주 한 잔 사겠다고 했더니 대답이 "미안한데 무슬림이어서 술을 안 먹는다"였다.

이 예를 굳이 들지 않더라도 당연히 무슬림 역시 여느 다른 집단과 마찬가지로 대다수는 선량한 생활인이고 상식을 가진 사람들이다. 하지만 이런 전제에 발끈하는 사람들이 있다. 이슬람교 자체가 잔인하고 위험한 종교라는 주장이다.

종교적 광기의 전형적 모습을 보이는 IS의 행태는 정말 끔찍하다. 신앙이 다르다고 해서 학살을 하고 점령지의 여성들을 성노예로 삼는다. 여성들을 물건 다루듯 시장에서 사고팔기도 한다. 신정일치(神政一致)라는 미명 아래 행해지고 있는 이들의 광란은 어떤 논리적 근거를 가지고 있을까? 이들은 자신들의 광기를 정당화할 때 이슬람 경전인 코란을 근거로 내세운다.

다음은 코란의 한 구절이다.

> 도시를 점령하면 모든 남성을 학살하라! 여성과 어린 아이의 경우 너희들(무슬림) 자신들을 위한 약탈물로 가질 수 있다.

증오를 부채질하는 사람들은 이런 코란의 구절을 예로 들며 이슬람교는 위험한 종교라고 선전한다. 과연 그럴까? 어떤 종교의 광신도나 극단주의자들일수록 그 행위의 부도덕함을 덮고 악행을 정당화하기 위한 근거를 찾기 마련이고, 경전 중 극히 일부분을 자의적으로 해석하고 인용한다.

이렇게 얘기하면 "일부라고 하더라도 코란에 잔인한 구절이 있는 것은 사실이고, 광신도들에게 빌미가 된 것도 사실 아니냐"고 반박하는 사람들이 있다. 그렇다면 기독교와 유대교는 어떨까? 상식을 가진 대다수 기독교 신자들이 다음의 성경 구절을 글자 그대로 실행할까?

> 너는 오직 여자들과 유아들과 가축들과 성읍 가운데에 있는 모든 것을 너를 위하여 약탈의 전리품으로 삼을 것이며 너는 네 하나님 여호와께서 네게 주신, 적군에게서 빼앗은 것을 먹을지니라!
>
> —신명기 20:14

> 오직 네 하나님 여호와께서 기업으로 주시는(점령한 도시에 속한) 민족들의 성읍에서 숨 쉬는 어떤 것도 살려두지 말지니!
>
> —신명기 20:16

장벽을 쌓고 무슬림을 증오하고 입국을 막아 어떤 나라 국민들의 삶이 실질적으로 더 나아진다면 인간으로서 부도덕하긴 해도 한 나라의 지도자로서 고민해볼 만한 대안일 것이다. 정치는 현실이니까. 하지만 문제는 그렇지 않다는 데 있다.

예를 들면 프랑스의 경우 전 국민의 8%가 무슬림이다. 유럽 전체에서는 4,400만 명이 넘고 국경도 없다. 이들 중 대다수인 상식을 가진 무슬림이다. 이들을 차별하거나 근거 없이 증오할 때 어떤 일이 발생할까?

아마 이런 사태를 가장 반길 쪽이 IS일 것이다. 부당한 대우에 분노한 무슬림이 증오에 사로잡혀 IS로 몰려들고, 유럽 각지에서는 무슬림들이 저항의 정당성을 획득한 투사로 변모하는 상황은 IS로선 꿈에 그리던 세상일 것이다. 그 누구보다도 증오의 정치인들이 IS로선 가장 큰 우군인 셈이다.

난민 문제도 마찬가지다. 전쟁터에서 가족을 살리기 위해 목숨을 걸고 탈출하는 이들의 유입을 막기 위해 국경을 봉쇄하는 것은 유럽에서 현실적으로 불가능하다. 또한 거꾸로 이들의 유입이 장기적으로 경제 침체에 시달리고 있는 유럽의 경제에 성장 동력이 될 것이란 분석이 많다.

증오를 부추기는 정치인들이 세계 각국에서 득세하는 현실은 분명 현실에 대한 유권자들의 분노를 반영한 것일 것이다. 유권자들의 분노는 정당하기도 하지만 그 분노를 어느 방향으로 분출하는가 하는 부분이 그 나라의 민도일 것이다. 분노는 올바른 방향으로 사회를 변화시키는 에너지가 될 수도, 스스로를 병들게 하는 독약이 될 수도 있다는 점에서 양날의 칼인 듯하다.

다리가 잘린 개구리를 책상에 올려놓고 손뼉을 친 뒤 개구리가 움직이지 않자, "귀가 먹은 개구리"라고 결론짓는 정치인들이 세계 곳곳에서 득세하고 있다. 눈을 뜨고 잘린 개구리의 다리만 정면으로 쳐다봐도 이 결론이 터무니없음을 알 수 있을 텐데, 너무도 많은 유권자가 증오로 눈을 꼭 감은 채 막말하는 이들에게 박수를 치고 있는 듯하다.

3부　중심과 시선

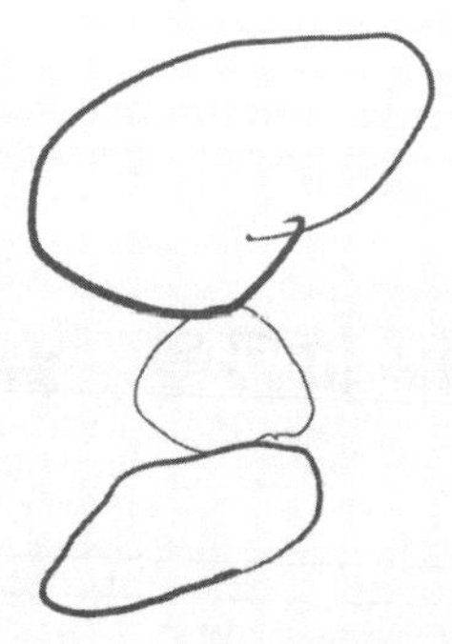

그러므로 내가 제안하는 것은 매우 단순합니다.
우리가 무엇을 하고 있는지 생각하는 것,
그 이상도 이하도 아닙니다.… 생각하는 것 자체가
위험한 것입니다. 그것이 세상을 변화시키도록 사람들을
자유롭게 만드는 것이기 때문입니다.

—한나 아렌트

It is nothing more than to think what we are doing.
…Thinking itself is dangerous. It is what make people
"free to change the world."

—Hannah Arendt

카메라 앞에 서 있던 시간들

내가 생각하기에 직업으로서의 기자는 특수함을 지녔다. 월급쟁이이지만 어떤 공공적 사안을 밥벌이의 수단으로 늘 다뤄야 했고, 또 친소에 상관없이 누군가를 또는 어떤 조직을 피치 못하게 비판해야 할 때가 자주 있다. 개그맨들이 평소에는 과묵한 사람들이 많다고들 하는데 나는 그 이유를 짐작하곤 한다.

기자 초년병 시절 나는 '카메라 출동'이란 부서에 소속돼 있었다. 이른바 사회 부조리를 고발하는 곳이다. 늘 비난할 거리를 찾아다녀야 하고 정신의 날을 바짝 세우고 있어야 했다. 그저 내 생각이긴 하지만 나는 괜찮은 고발 기자였다. 나름 방송을 하고 나면 화제가 되곤 했고 거기에 따른 권력도 체감할 수 있었다.

삼십 대 초반이었던 나에게, 돈깨나 있고 권력도 있다는 나이 지긋한 분들이 찾아와 무릎을 꿇는 일들도 종종 있다 보니, 젊은 혈기에 카메라와 팬의 권력이 곧 나의 권력이라는 환상에 빠지기도 한다. 이런 상태는 혈기방장한 나이에 인격을 가다듬는 데는 악영향을 끼칠 가능성이 적지 않다. 거기에다 자신이 절대적으로 정의롭다는 착각이 체화되면 자칫 괴물이 될 수 있다.

지금 돌이켜 보면 이런 면에서 나는 꽤 재수가 좋았다. 부장을 맡고 있던 선배는 회사 내에서 정의감 있고 기사 잘 쓴다고 자타가 공인하는 분이었고, 나는 나름 그 선배의 신임을 받으며 나 자신을 컨트롤하려고 노력했다. 이런 균형에 대한 지향이 내가 망가지는 것을 막았던 것 같다. 그러나 그 부서 특성상 선배들이 가장 많이 쓰는 말이 "조져버려!"라는 말이다. 어떤 사안이 취재되면 가차 없이 비판하라는 뜻이다. 정의를 구현한다는 묘한 자부심과 권력에 취해 지냈던 시절이었다.

내가 그곳에 있었던 기간은 딱 1년 정도였던 것 같

다. 당시 텔레비전 뉴스의 영향력은 정말 어마어마할 때였으니 더욱 그러했을 것이다. 어떤 단체장의 외유성 출장을 뉴질랜드까지 잠행 취재해 고발한 이후 한동안은 뉴질랜드 관광 가이드들이 단체 관광객을 안내하며 "이곳이 바로 MBC '카메라 출동'에서 난리가 났던 바로 그 장소"라며 여행 필수 코스가 됐다는 전언까지 들려왔으니….

방송국의 카메라 출동과 비슷한 검찰 조직이 특수부다. 카메라 출동이 고발 거리를 제보받고 기획 취재를 하듯 검찰 특수부도 기획 수사를 한다. 즉 정보를 수집한 뒤 범죄의 모양새를 구성하고 스토리를 만들어 낸다. 전체적인 파장 면에서는 방송이 더 클 때도 있지만 개인의 인생을 좌우하는 데는 이런 파괴력을 가진 조직은 검찰 외에는 없을 것이다. 거기에는 공권력, 즉 국가가 부여한 폭력적 권력과 동시에 엄청난 조직을 가지고 있으니 무소불위라 해도 과언이 아닐 것이다.

카메라 출동에서 일한 지 1년쯤 지났을 때 나는 불안감을 느꼈다. 내 눈빛과 말이 어딘지 모르게 거칠어져 있고, 집에 오면 짜증이 늘었다. 또 옆에서 누군가에 대해 욕을 하거나 싫은 말을 하면 벌컥 짜증을 내곤 했던 기억도 있다. 직장에서 누군가를 욕할 거리만 내내 찾아다니다 보니, 사적인 자리에서 누가 타인을 욕하면 견딜 수 없이 그 상황이 싫어졌다.

잠깐이었지만 카메라 출동이라는 부서를 겪고 난 뒤 내가 한동안 법조계 분들을 만나면 농담 반 진담 반으로 던지던 말이 있었다. 카메라 출동을 몇 년 하거나 검사 일을 몇 년 이상 한 뒤에도 괜찮은 인품을 가지고 살아가는 사람이 있다면 정말 많은 절차탁마를 했음이 틀림없다고. 인간은 몹시도 나약해서 혈기와 권력, 거기에 성찰의 공백이 생기면 예외 없이 망가진다. 다행히도 나는 그때 내가 약간 이상해지고 있다는 자각이 있었던 듯했고, 부서 이동을 강렬히 희망했다.

언론사의 인사이동은 특히 기자 초년병 시절에는 직업을 바꾸는 것 같은 스트레스를 동반한다. 어제까지 경찰서를 출입하다 내일 아침부터 당장 외교부를 나가야 한다고 하면 정말 막막하기 이를 데 없다. 그래서 인사철이 다가오면 기자들은 대단히 분주해진다. 인사 명령을 기다리는 기자는 대략 4가지 부류로 나뉜다. 이 분류는 물론 내가 주관적으로 만든 것이다.

제일 잘 나가는 기자들이 속한 1그룹: 자기가 어디로 갈지를 스스로 결정한다. 즉 인사권이 있는 선배들과 얘기가 다 돼 있어서 자기가 가고 싶은 곳을 거의 마음대로 결정한다.

2그룹: 자기가 어디로 갈지를 마음대로 결정할 정도는 아니지만 인사권자들이 미리 당신은 어디로 갈 것이라고 언질해 준다. 그래서 인사 명령이 붙기 전에 자신의 거취를 미리 알고 있다.

3그룹: 말 그대로 방이 붙어야 자신의 거취를 알게 된다.

마지막으로 4그룹: 내가 속해 있던 그룹이다. 방이 붙었는지조차 모르고 있다. 그러니 어디로 갈 것인지는 물론 짐작도 못하고 있다. 그러다 후배 하나가 전달해 준다. "선배, 카메라 출동으로 발령 났던데?"

젊은 기자 시절 나처럼 4등급에 속하는 기자들은 1등급을 애써 얕잡아 보며 폄훼하곤 했다. 물론 잘 나가는 그들이 부럽다는 내색은 하지 않으면서, 사내 정치와 애교로 기자 생활을 하는 자들이란 식으로 말했지만 연차가 들면 깨닫는다. 그들의 소질과 나의 소질이 달랐을 뿐이라는 걸…. 사내 정치에 소질이 있었다면 왜 안 했겠는가? 그쪽에 소질이 없으니 기를 쓰고 다른 쪽을 개발한 것이다.

인사에 스트레스를 유독 많이 받는 신참 기자들에게 말한다. 너를 이유 없이 싫어하는 선배들이 자연스럽게 도태되도록 만드는 마법을 아느냐고? 내가 말해준 해법은 이렇다. 순간의 판단이 쌓여 너를 만드는 것이니 칼날에 서 있듯이 판단하라. 그리고 인품을 다듬어라. 우수한 판단력과 괜찮은 인품인데도 이유 없이 너를 싫어한다면 판단하는 그 사람이 분명 문제가 있을 터이고 세월이 지나다 보면 그런 자들은 도태될 수밖에 없을 것이라고. 정말 하나 마나 한 소리다.

어쨌든 4번째 부류의 나에게도 한때 아름다운 청춘으로 기억되던 기자 시절이 있었다. 영화를 담당하던 문화부 기자 시절이었다. 2000년 꿈에 그리던 프랑스 칸 출장을 1주일 앞두고 있었다. 인사철이었지만, 문화부로 발령을 받은 지 6개월밖에 되지 않아 나는 인사 대상이 아니라고 생각했다. 그러나 4번 부류의 기자였던 나는 그 인사 발령으로 카메라 출동 부서에 가게 됐다. 천국에서 지옥으로 향하는 직행열차였다. 나는 미소 지으며 속으로 속삭였다. "이런 염병."

질문하는 사람으로 산다는 것

2024년 2월이었다. 라디오국장으로부터 〈뉴스하이킥〉의 진행을 맡을 의향이 있냐는 제의를 받았다. 망설여졌고 부담스러웠다. 당시 진행을 맡고 있던 신장식 변호사가 워낙 잘 해내고 있었고, 그 이상으로 할 수 있겠는가 하는 고민에서 망설였다. 그리고 윤석열 정권의 실정이 극에 달하고 있는 시점이어서 부담스러웠다. 과연 마음에 있는 그대로 위축되지 않고 비판할 수 있겠는가에 대한 자기 검열이었다.

그러나 당시 나는 질문이 고픈 상황이었다. 직설적으로 의견을 펼치는 신장식 변호사의 스타일과는 달리 나는 질문을 통해서 인터뷰이의 진실이 드러나게 하자고 마음먹었다. 다르게 할 수 있을 것 같았고 그래서 제의를 받아들였다. 한나 아렌트의 말대로 우리가 어떤 상황에 있는지 질문하고 싶었고, 또 청취자들에게 생각하게 하고 싶었다.

당시 첫 방송 오프닝에서 나는 이렇게 말했다.

"여러분을 대신해 좋은 질문을 하겠습니다. 좋은 질문이 별거 있겠습니까? 무엇이 옳은 것인지 물어보고 잘 이해가 안 가면 몇 번이고 물어보고, 꼭 물어야 할 질문인 줄 알면 피하지 않겠습니다. 또한 중요함에도 많은 사람이 흘리고 묻지 않은 질문이 있으면 찾아서 물어보겠습니다. 좋은 질문이 좋은 답을 만든다는 확신이 있습니다. 2024년 2월 13일 〈권순표의 뉴스하이킥〉 첫 방송을 시작합니다."

두려움에 가까운 부담 속에서 그래도 권순표식 질문을 하겠다는 약속을 지키기 위해 무던히 노력했다. 그리고 시간이 흘렀다. 다행히도 청취율은 계속 상향곡선을 그려갔고, 전체 라디오 프로그램 1위를 한 번도 내주지 않았다. 역대 최고치인 17.5%를 기록하기도 했다. 윤석열 씨 덕분이었다.

국민은 그 답답함을 대신 물어봐 줄 통로를 갈구하고 있었다. 너무나 이해가 가지 않는 일들이 쉴 새 없이 쏟아졌기 때문에 끝없는 질문이 꼬리를 물었다. 잘못된 주장을 하는 사람들의 불합리성을 드러내기 위해서는 자신이 할 말을 준비하기보다는 인터뷰이의 말에 집중해 거기에서 떠오르는 자연스러운 질문을 던져야 한다는 것이 내 생각이다.

다음은 내가 한 정치인과 계엄에 대한 인터뷰를 한 내용이다.

정치인 지금 야당은 본인들은 아무 잘못도 없다면서 끝까지 힘의 논리로 밀어붙이면서 지금 이런 상황까지 온 거잖아요? 극단적인 계엄이란 상황까지 하게 된 것이 결국 22대 국회가 대화와 타협이 없어서….

권순표 계엄을 한 것이 대화와 타협이 없어서 한 건가요?

정치인 아, 그러니까 제가 그걸 옹호하려는 게 아니라….

권순표 그건 굉장히 위험하신 생각인데….

정치인 그런 뜻이 아니라요.

권순표 계엄이란 아주 엄청난 일을 저지르지 않았습니까? 그러면 여당으로서는 그 엄청난 일을 회복시키기 위한 조치를 빨리 진행시켜 나가고 논의를 하고 이래야 하는데 지금 보기에 (여당은) 합법적인 부분들도 브레이크를 걸면서 안 하고 있어서 제가 여쭤보는 겁니다.

정치는 말로 행해진다. 그런데 왜 말로써 살아야 하는 정치인들이 가끔은 이렇게 인터뷰 중에 앞뒤가 맞지 않는 얘기를 하게 되는 걸까?

내가 앵커라는 일을 하다 보니 가끔 나에게 이런 질문을 하는 분들이 있다.

"어떻게 하면 말을 잘할 수 있을까요?"

그러면 일관된 나의 대답은 이렇다.

"일단 말을 시작하기 전에 옳은 쪽이 어느 쪽인가를 심사숙고해서 선택하세요."

아무리 훌륭한 말솜씨를 지닌 사람도 억지스러운 상황에서 논리적 기승전결이 가능할 리가 없다.

지금은 제1야당인 국민의힘에 속한 수많은 국회의원이, 그들의 화려한 학력과 경력에 상관없이 엉뚱한 소리를 반복하는 이유는 단 하나 아니겠는가? 잘못된 입장에 섰기 때문일 것이다. “계엄은 잘못됐지만, 탄핵에는 반대한다.” 이런 논리를 정당화할 수 있는 말 기술은 없다. 아주 단순한 일이다. 윤석열 씨는 무슨 핑계를 대더라도 절대로 하면 안 될 일을 한 것이고, 이런 사실을 인정하지 않으려니 말이 꼬이는 것이다.

나는 사실 이런 논쟁적 인터뷰를 좋아하지 않는다. 그 누가 이를 즐길 수 있겠는가? 사람을 면전에 두고 비판적 질문을 이어가야 하는 그 자리가 편할 수는 없다. 그저 내가 해야 하는 일이기 때문에 하는 것이다. 그 외의 것이라면 나는 모든 ‘질문’을 좋아한다. 앵커라는 자리의 장점은 각 분야에서 우리나라 최고의 위치에 도달한 사람들을 만나볼 수 있다는 점이다.

성실한 진행자들은 보통 어떤 인물을 인터뷰할 때 그 인물이 전에 했던 인터뷰를 샅샅이 뒤져보고 학습한 뒤 그 사람을 만난다. 그러나 나는 그렇게 하지 않는다. 그렇게 할 경우 인터뷰가 스스로 재미없어진다. 또한 그가 다른 곳에서 한 인터뷰 중 재미있는 부분을 반복하는 경우가 많다. 그래서 나는 그 사람이 했던 인터뷰보다는 그 인터뷰이를 불렀던 그 핵심 이유에 대해서만 숙지한 뒤 일부러 약간 생경한 상태에서 인터뷰를 진행한다.

나는 내가 재밌어야만 시청자도 재밌다는 확신을 가지고 있다. 인터뷰어는 아는 내용이어서 시큰둥한데 듣는 사람만 재밌는 것은 불가능하다는 것이 내 생각이다. 이는 경험에서 우러나온 확신이다. 그래서 나는 인터뷰이가 해왔던 기존의 인터뷰를 숙지하기보다는 간접적인 배경적 지식을 풍부하게 가지고 인터뷰에 응하려고 노력한다.

예를 들어 탐험가들을 인터뷰할 때 그가 개인적으로 경험했던 절체절명의 순간 같은 것은 가능한 한 인터뷰 현장에서 처음 들으려 노력한다. 그래야 몰입이 가능하다. 대신 생태, 환경 등 탐험에 관련된 간접적 지식을 쌓기 위해 시간을 할애한다. 그러면 훨씬 깊은 대화가 가능해진다.

인터뷰어는 자신의 다음 질문을 생각할 것이 아니라 인터뷰이의 말에 고도로 몰입해야 한다. 경청으로 인한 몰입이 가능할 때 인터뷰이 입장에서 볼 때 뻔하지 않은 흥미롭고 대답하고 싶은 질문들이 나온다.

인터뷰이가 말할 내용을 이미 다 알고 있으면 당연히 재미가 없고 인터뷰어는 자신이 다음에 할 질문에만 온통 관심이 쏠리게 된다.

나는 전쟁터에서 병사들이 겪는 몰입 상태에 대한 기사를 흥미롭게 보았다. 공포의 단계를 넘어서 극도의 위험이 가져오는 고도의 몰입 상태에 돌입한 병사들은 이른바 공중을 떠다니는 듯한, 몸이 저절로 움직이는 듯한 몰입 상태를 경험한다고 한다.

나는 아주 가끔 인터뷰 중에 이 비슷한 경험을 한다. 무엇을 물으려고 노력하지 않았는데 대화를 하고 있고, 어느새 시간은 20~30분이 훌쩍 지나간 상황. 인터뷰이가 벌써 시간이 다 됐냐고 진심으로 놀랄 때는 대체로 괜찮은 인터뷰가 이뤄졌을 경우다.

2005년 가을, 나는 중국 베이징 메리어트 호텔에 있었다. MBC 취재팀 팀장으로서 6자회담을 취재하고 있었다. 남북 간 항구적 평화 비슷한 무엇이 이뤄질 듯하던 그 폭풍 같은 기대와 취재 열기 속에 기자들의 젊은 피는 들끓고 있었다.

점심시간이 다가왔고 우리 팀 기자들을 식사하고 오라며 내보낸 때였다. 지친 나는 밥 생각도 없었다.

그때 그 수백 명이 들어가는 취재센터에 나 이외에 딱 한 명의 기자가 남아 있었다. 그 친구가 어떤 언론사의 누구였는지 기억은 나지 않는다. 그가 뜬금없이 내게 다가왔다. 그리고 물었다. "음악을 좀 틀어도 될까요?" 심드렁하게 대답할 수밖에 없었다. 그러시라고. 그가 노트북으로 꽤 크게 튼 음악은 에디트 피아프의 '장밋빛 인생'이라는 곡이었다.

그때 나는 2차 대전을 묘사한 옛 영화 속에 한 장면에 들어와 있는 듯한 기시감을 느꼈다. 여기저기 부상당한 병사들이 쉬고 있고, 라디오에서는 노래가 울려 퍼지는 그런 장면. 극도로 몰입한 인터뷰를 마친 뒤에는 웬일인지 그때의 베이징 메리어트 호텔이 반복적으로 떠오르곤 한다.

〈뉴스하이킥〉에서 인터뷰에 몰입하는 모습. 극도로 몰입한 인터뷰에서 시간은 빠르게 흐른다.

그날 밤에 받은 문자 하나

MBC에 입사한 지 30년 세월이 흘렀다. 나름의 곡절 없는 삶이야 있겠나? 특히 한국 사회에서 언론사 MBC에 한평생 몸담았다는 것은 눈 감을 수 없는 소란 속에서 잠을 청하는 일처럼 쉽지 않았다. 그리고 그날이 밝아왔다. 2024년 12월 3일.

그럭저럭 평온한 날이었다. 다른 날과 마찬가지로 아침부터 기사를 챙겨보고 제작진과 카톡으로 대화를 나누고, 전화기를 챙겨 들고 운동을 하고…. 여러 경고가 있었지만 나는 그런 날이 올 것이라고 짐작조차 하지 않았고 그날 역시 여러 평범한 나날 중 하루였을 뿐이다.

당시 뉴스는 명태균 씨의 폭로로 들끓고 있었다.

명 씨는 그날 국민의힘 추경호 원내대표가 달성군수 공천 대가로 20억 원을 챙겼다고 폭로했다. 윤석열 정권이 시작된 이래 늘 있었던 혼란과 분노를 가슴에 품고 그날도 방송을 마쳤다. 그리고 퇴근길 누군가를 만나 된장찌개와 제육볶음으로 하루 첫 끼 식사를 마치고 집으로 향했다.

특별한 날의 기억은 이상한 곳에서 세밀화를 남긴다. 그날 된장찌개의 맛이 기억난다. 그리고 그날은 라디오국에서 우수 진행자라며 상을 준 날이었다. 세밀한 기억들. 한 끼의 식사는 늘 맛있다. 그날의 된장찌개는 특별히 맛있었다. 제육볶음도 맛있었다. 그리고 평소처럼 자전거를 타고 집으로 돌아왔다.

늘 그렇듯이 방송을 끝낸 뒤 정신은 한동안 방전돼 있다. 집으로 와 음악을 틀어놓고 멍하니 앉아 있었다. 멍하니 있으면 시간의 흐름을 느끼지 못한다. 꽤 시간이 흐른 듯했고 문자 하나를 받았다. 10시 반쯤이었던 것으로 기억한다. '계엄' 문자의 내용은 앞뒤가 없었고 짧았다. 유튜브를 켜니 윤석열이 계엄을 선포하고 있었다. 상황을 파악하기 위해 여기저기 전화를 돌렸다. 말 그대로 계엄령 선포였다.

정말 말 그대로 참을 수 없는 분노가 치솟았다. 우리 세대는 폭력에 노출된 환경에서 성장했고, 그래서 더욱 폭력을 두려워한다. 군사 정권이 휘둘렀던 공권력의 폭력은 학교로 전이됐다. 선생님들은 제자를 때렸다. 스승과 제자 간의 수직적 폭력은 선후배 간의 수직적 폭력으로 다시 연결됐다. 이는 또다시 동년배들 간의 수평적 폭력, 아니 위계가 아닌 힘에 의한 수직적 폭력으로 이어졌다.

지금은 상상할 수 없는 언어적·물리적 폭력이 교실에서 다반사로 일어났다. 일부 교사들은 학생들에게 극언에 가까운 언어적 폭력과 불량배 못지않은 물리적 폭력을 쏟아부었다. 그래서 폭력에 대한 공포와 극단적 혐오를 갖게 됐다. 아니 이런 경험이 없더라도 생명체는 폭력에 대한 선험적 공포를 가지고 있을 것이다. 대학 시절 나는 운동권과는 한 발자국쯤 떨어져 있었음에도 그 폭력의 공포를 꽤 생생히 기억한다.

내가 어릴 적에는 일반적 가정에 샤워 시설이 없었다. 그래서 여름에는 당시 '광'이라 불리는 집 한구석에서 수돗물을 퍼부으며 샤워를 하곤 했었다. 그곳에서 나는 그를 만났었다. 쥐약을 먹은 쥐. 약기운이 퍼져나가 몽롱한 눈빛의 쥐는 샤워를 하러 들어간 나와 마주쳤고 그 흩어져 가는 정신 속에서도, 인간이라 불리는 거대한 존재가 뿜어내는 잠재적 폭력에 대한 극단적 공포를 표현했다. 약을 먹은 쥐는 도망칠 곳 없는 막힌 공간 속에서 마지막 힘을 쥐어짜 내어 벽을 타고 튀어 올랐다. 나는 기겁을 하고 그 공간에서 도망쳐 나왔고, 잠시 후 다시 광에 들어갔을 때 쥐는 코에 피를 흘린 채 죽어 있었다.

대학 시절 어떤 시위 현장에서 나는 이 쥐의 공포를 다시 한번 목격했다. 익명의 그 역시 나처럼 시위 현장에 대한 경험이 별로 없던 책상물림이었을 것이다. 막다른 골목에서 백골단에게 쫓기던 그가 벽을 타고 튀어 오르는 모습을 나는 봤다. 몽둥이로 맞을 것이라는 공포가 그를 약 먹은 쥐처럼 튀어 오르게 했던 것이다.

윤석열 씨의 통치는 정말 엉망진창이었다. 기자 생활 30년 동안 여러 대통령을 경험해 봤지만 최악이었다. 앞서 이명박이나 박근혜 전 대통령 시대에는 그래도 정당치 못한 일을 하면 그렇지 않은 척이라도 하려고 했었다. 또 그른 일을 할 때는 그럴 수밖에 없는 명분을 만드는 척이라도 했었다. 그러나 윤석열 씨는 달랐다. '척'을 하지 않았다. 노골적이었다. 그리고 막무가내였다.

그런 정권이었기 때문에 나는 〈뉴스하이킥〉을 통해서 매일 빠짐없이 신랄한 비판을 쏟아낼 수밖에 없었다. 어쩌면 더 편안했는지도 모르겠다. 윤석열 정권은 언론으로서 좀 더 깊이 들여다보고 판단해야 할 만큼 고민의 여지를 남겨두지 않았다. 아주 심플하게 엉망이었다. 통치에 대한 어떤 공공의식이나 고민도 찾아볼 수가 없었다. 그 폭정의 끝에 윤석열 정권은 계엄을 선택했다.

그날 나는 솟구치는 분노와 동시에 다시 맞아야 하는 폭력의 시대에 대한 여러 상념에 잠길 수밖에 없었다. 아내는 잠들어 있었고, 아이는 계엄이 선포된 직후 귀가했었다. 이 폭력 집단이 MBC를 가만히 놔둘 리가 없었고, 나 또한 곱게 놔둘 리가 없다는 것도 자명했다. 내 인생에 앞으로 벌어질 시련들이 당장 현실감 있게 상상됐다. 어디로 도망칠까도 생각했지만 가족 생각과 지인들에게 끼칠 민폐 등을 생각하니 부질없다는 생각이 들었다.

그래서 결심했다. '내일 출근해서 많은 사람이 보는 앞에서 잡혀가자.' 어떤 공명심이나 정의감에서 비롯된 생각이 아니었다. 다만 많은 동료가 보는 앞에서 잡혀가면 덜 맞을 것이라는 실용적인 판단에서 나온 결심이었다. 그리고 귀가한 아이에게 말했다.

"아빠가 내일 나가면 며칠 못 들어올 수도 있어. 그냥 살다 보면 이런 일도 생겨. 그러니까 너무 걱정하지 말고, 엄마랑 잘 지내고 있어."

아이는 처음에는 농담을 좋아하는 아빠가 또 농담하는 것으로 받아들이는 듯했다. 그러다 장난이 아니라는 것을 직감한 듯 표정이 굳어가고 있었다. 아이에게 별일 아니라는 듯 일찍 자라고 말했다. 그리고 언제 다시 집에 올 수 있을지 모른다는 생각에 이것저것 짐을 챙겼다.

2024년 〈뉴스하이킥〉을 진행하면서 가장 많이 들은 질문이 하나 있다. 나를 보는 제작진이나 출연진들이 예외 없이 물어왔다. 언제까지 하이킥을 방송할 수 있겠냐고. 당시 윤석열 정권은 MBC를 장악하기 위해 모든 수단을 동원하고 있던 때였고, MBC를 장악하고 나면 하이킥을 그냥 놔둘 리 없다는 판단에서

들 하는 애기였다.

그중 한 대화가 기억난다. 뉴스 브리핑 코너 뉴스 신세계를 담당하던 임경빈 작가가 물었다. “언제까지 할 수 있어요?” 내가 대답했다. “송년회 할 수 있어!” 임 작가가 말도 안 된다며 다시 물었다. “그게 어떻게 가능해요?” 그래서 나는 이렇게 대답했다. “먼저, 우수한 사람들이 똘똘 뭉쳐서 기를 쓰고 막으면 무너뜨리기가 쉽지 않다.” 당시 이번에는 절대로 언론장악을 용납하지 않겠다는 MBC 구성원들과 야당 정치인들의 결의와 노력이 정말 치열했기 때문에 한 말이었다. 나는 말을 이어갔다. “또 하나 윤석열 정권의 무능, 극도의 무능을 믿는다”고 했다.

극도로 무능했던 정권은 계엄을 통해 역설적으로 〈뉴스하이킥〉의 2024년 그리고 2025년 송년회를 가능하게 했다. 당시 윤석열 씨가 순리대로 야당 추천 몫인 최민희 방통위원을 임명하고 기다리기만 했었어도, 우리는 MBC의 몰락을 막지 못했을지도 모른다. 아이러니다.

긴 터널을 지나며

12월 4일 계엄이 국회에 의해 해제된 뒤 날이 밝았다. 어이없다는 감정에 이어 분노가 솟구쳤다. 이때부터는 정말 “이 무리를 그냥 놔두면 안 되겠다”는 강한 의무감이 들었다. 30년 평생 훈련을 받았으니까 분노해도 방송을 할 때면 본능적으로 자제하는 습관이 몸에 배 있었지만, 단어 선택과 톤 조절에 있어서 평정을 유지하기가 쉽지 않았다. 그로부터 윤석열 씨가 재수감될 때까지 불안과 분노에 휩싸인 채 시간을 보내야 했다. 국민은 2025년 한 해의 절반 이상을 상실했다.

나에게 2025년 한 해는 묘하게 왜곡된 기억으로 남아 있다. 중간중간 기억이 뻥 뚫려 있기도 하고, 어떤 기억은 바로 어제처럼 뚜렷하게 남아 있다. 2024년 12월 14일 윤석열 탄핵 표결을 하는 날이었다. 나는 국회에서 생방송을 하기 위해 12시경 집을 나서 국회로 향했다.

오후 3시부터 생방송을 시작했다. 탄핵소추안은 찬성 204표, 반대 85표, 무효 8표로 통과됐다. 탄핵안이 통과된 직후 내 첫 멘트는 "여러분이 승리하셨습니다. 국민 여러분이 승리하셨습니다"였다. 아이처럼 기뻤다. 여당이었던 국민의힘에서는 의원들 중 일부만이 표결에 참여했고 상당수는 이탈표를 던졌거나 기권 또는 무효표를 행사한 것으로 분석됐다. 일주일 전 이뤄졌던 첫 번째 표결은 여당의 불참으로 탄핵안은 자동 폐기됐다.

탄핵안이 가결된 뒤 나는 아무 생각 없이 터덜터덜 걸으며 국회를 빠져나왔다. 화장실에 들르는 것도 잊은 채였다. 오후 2시경부터 화장실을 가지 못했으나 흥분 때문에 국회 내 화장실을 들러야 한다는 것을 잊었던 것이다.

그러나 나는 국회 앞 국민의 열기를 간과했다. 국회를 빠져나온 내가 맘대로 움직일 수 있는 상황이 아니었다. 내 얼굴을 알아보고 사진을 찍자는 시민들을 종종 만날 때만 해도 그저 홀가분한 기분이었다. 그러나 택시를 타고 귀가하려던 내 계획이 얼마나 비현실적이었음을 깨닫는 데는 오랜 시간이 걸리지 않았다.

걸음조차 내 맘대로 걷지 못하는 상황, 나는 인파 속에 묻혀 주춤거리며 마포대교 쪽으로 밀려나고 있었다. 6시에 국회를 빠져나왔는데 마포대교가 눈에 보이는 곳까지 밀려오니 8시를 넘어서고 있었다. 이미 6시간을 비우지 못한 방광에서는 요란한 경보음이 울리고 있었다. 다시 한번 깨달았다. 인간이 얼마나 나약한 존재인지 또한 형이상학적 가치가 생리학적 고통 앞에서 얼마나 미미하게 느껴지는지…. 한계에 다다르고 있는 방광의 팽창 속에 민주주의를 되찾았다는 기쁨은 너무나 사사로운 사치로 전락하고 있었다.

그때 외마디로 들려오던 '연대'의 외침. 나와 동질적 고통을 느끼고 있었을 어떤 시민이 도로를 통제하며 인파를 유도하던 경찰관에게 짜증 섞인 비난을 던지고 있었다. "거 빨리 좀 갑시다." 불과 2시간 전 민주주의의 승리를 환호하던 시민의 불합리한 짜증에 나는 속으로 소심한 응원을 보내고 있었다. 마포대교를 막 건너자마자 개방된 한 빌딩의 화장실에서 환희에 찬 해방감을 느낄 때만 해도 윤석열 씨로 인한 혼란은 이날이 막바지일 줄 알았다.

하지만 긴 터널의 시작이었다. 권력 핵심부와 정치권은 그 바닥을 보여주고 있었고, 탄핵심판 선고는 기약 없이 미뤄지고 있었다. 헌법 재판관들이 교착상태에 빠져 인용이 불가능해졌다는 설이 흘러나왔고, 급기야 내란 우두머리 혐의를 받고 있는 윤석열 씨를 법원과 검찰이 거의 공모하는 듯한 모습으로 풀어주는 지경까지 이르렀다.

개선장군이 된 듯한 표정으로 대로를 활보하는 윤 씨의 모습을 국민은 분노하며 지켜봐야 했고, 다수의 여당 의원들은 윤석열 씨에게 앞다퉈 달려가 눈도장까지 찍으며 탄핵 반대를 외쳤다. 우리 보수정당의 바닥을 드러내는 광경이었다. 점입가경이었다.

한덕수 대통령 권한대행은 마땅히 임명해야 하는 헌법재판관 후보자를 임명하지 않고 버티면서 탄핵심판 절차를 늦추려고 시도했다. 국회가 이미 선출한 후보자들이었다. 그리고 대통령 선거를 불과 한 달여 앞두고 대법원은 이재명 후보의 공직선거법 위반 사건을 대법원 전원합의체에 전격 회부하고, 불과 9일 만에 무죄였던 2심판결을 뒤집는 유죄 취지 파기환송이라는 결론을 내렸다.

극단적인 이례와 이례가 반복됐다. 대장동 개발 비리 사건 자체가 정치적 수사라는 불신이 팽배한 상황에서 곁가지인 사안을 가지고 국민 다수의 지지를 받는 후보를 제거하려 했다는 비난을 피하기 어려웠다.(누구를 안다고 거짓말을 했느니 안 했느니 하는 것이 하나이고, 또 하나는 국토부의 압박을 협박이라고 한 것이 허위였다는 취지)

그날 판결문을 읽는 조희대 대법원장의 손은 몹시 떨리고 있었고, 그 떨림은 그가 읽고 있는 판결문이 인쇄된 종이의 떨림을 통해 그대로 중계화면에 잡히고 있었다. 그 떨림의 의미는 무엇이었을까? 주권자를 향해 "'나' 조희대의 허락 없이 당신(국민)들이 맘대로 대통령을 뽑을 수는 없다"는 선언이자 조롱으로 느껴졌고, 나는 모욕감을 느꼈다.

지난 1년 대한민국은 혼란스럽고 우울했고, 불안

했고, 분노했다. 그리고 2025년 6월 3일 대통령선거가 있었다. 나는 개표방송에서 토론을 진행하기 위해 집을 나섰다. 패널은 유시민, 정규재 선생과 조경태, 박주민 의원이었다. 오후 4시 40분 방송대기에 들어가 토론은 새벽 1시 40분까지 이어졌다. 긴 하루가 지났다. 새벽 고요한 사무실로 돌아와 짐을 챙겼다. 피곤하지는 않았고 마음은 이상하리만큼 명징하고 고요했다.

터덜터덜 집으로 가던 중 순댓국집 불빛이 허기를 자극했다. 아무도 없었다. 내 얼굴을 알아본 종업원 아주머니가 이제 끝나셨냐고 인사를 건넸다. 나는 순댓국과 소주 한 병을 시켰다. 천천히 소주 한 병을 비우고 가게 문을 나섰다. 그리고 초여름, 맑은 밤공기 속을 엷은 미소 지으며 걸었다.

뉴스 앞차기

가벼움 없는 무거움은 여백 없는 담묵화다. 그래서 가벼움 없는 무거움은 위선적이다. 나는 젊은 시절 밀란 쿤데라의 소설 《참을 수 없는 존재의 가벼움》에 열광했다. 지금은 그 세세한 내용도 잘 기억하지 못하지만 한없이 가벼운 주인공 토마스가 삶의 선택에 있어서는 '무거움'을 택할 때, 그 소설은 내 젊은 시절 자아에 꽤 예리한 각인을 남겼다. 그는 "인간의 삶은 단 한 번뿐이고, 모든 일은 리허설 없는 최종 공연이 되고 만다면서 그래서 삶의 모든 선택은 매우 가볍다"고 주장하는 바람둥이다. 그러나 그는 공산 정권이 강요하는 근원적 위선을 거부하며 신념을 지킨다.

2024년 12월 어느 날이었던 것 같다. 〈뉴스하이킥〉

을 담당하는 윤성환 피디가 느닷없이 본방송에 앞서 유튜브 전용 방송을 하나 해보면 어떻겠냐고 제안해 왔다. 나는 별다른 고민도 없이 그냥 '툭' 그러자고 했다. 뭘 할 것인지 자세히 묻지도 않았다. 나중에 알고 보니 라디오국 사정상 새로운 프로그램을 론칭하는 것이 그리 쉽지만은 않았다고 한다. 평소 그런 성격과는 거리가 있는 윤 피디가 이번만은 왠지 고집을 부렸다는 전언이다. 그렇게 〈뉴스 앞차기〉는 12월 23일 첫 방송을 시작했다.

〈뉴스 앞차기〉를 시작하면서 내가 얘기한 몇 가지 조건이 있었다. 사전 원고는 필요 없다. 얘기할 주제만 한두 줄로 정리해 오라고 하자. 안 그래도 과중한 업무에 시달리고 있는 작가들에게 부담을 더해주면 안 된다는 취지였다. 가능하면 젊은 고정출연자들을 섭외한다. 무엇보다도 내 속내는 젊은 친구들과 농담을 하고 싶다는 것이었다. 이렇게 앞차기를 '툭' 시작한 배경에는 무엇보다 젊은 친구들과 약간 뼈 있는 농담을 하고 싶다는 욕심이 자리 잡고 있었다. 아니 뼈가 없어도 농담을 하고 싶었다.

내가 그즈음 가장 관심을 많이 두고 있던 주제 중

하나는 왜 극우화되는 젊은 남성들이 늘어나는가 하는 부분이었다. 여러 분석을 들어보니 그중 하나가 극우화된 남성 키보드워리어들이 '올바름'을 조롱하고, 혐오를 조장하는 것을 일종의 놀이문화로 발전시키고 있다는 진단이었다. 그래서 이쪽도 한번 놀아보자는 생각이 들었다. '비상식·비민주·혐오·폭력' 이런 것이 진실로 찌질한 것이라며 조롱해 보고 싶었다. 그래서 시작했고 '앞차기'는 이른바 권순표 '복지방송'으로 불렸다.

방송이 시작되고 긍정적인 반응이 쏟아졌다. 열혈 시청자들이 생겨나기도 했다. 어느 날 인터넷에 뉴스 앞차기를 한번 검색했다가 정말 깜짝 놀랐다. 열혈 팬들이 나무위키에 앞차기를 정말 놀라울 정도로 자세히 분석하여 정리해 놓은 것이다. 우리 제작진 누구도 엄두를 못 낼 만큼 많은 정성이 들어간 분석이었다. 맨 처음에는 나를 포함해 제작진 모두가 의아해했다. 무엇이 농담 90%의 뉴스쇼를 이렇게 많이 보게 하는가?

앞차기를 시작한 뒤 나는 이른바 유튜브 방송의 힘을 절감했다. 레거시 미디어에 평생을 종사해온 나에게는 많은 것이 새로웠다. 그중 하나는 화려한 조명과 출연진 없이도 그저 어떤 종류의 단순 콘텐츠(일상의 농담도 분명 하나의 콘텐츠이다) 하나로 얼마든지 시청자들의 관심을 받을 수 있다는 것이었다. 유명인들을 병풍처럼 세워놓고 많은 돈을 들여야만 프로그램이 완성된다는 시각 자체도 일종의 관성 아니었을까 하는 생각을 하기도 해봤다.

그러나 무엇보다도 나는 이른바 유튜버들의 재능에 놀랐다. 그들의 날 것 같은 순발력과 가공되지 않은 진실성은 레거시 미디어에서 성장해 온 평론가나 연예인들과는 또 다른 호소력을 가지고 있었다.

앞차기 초기 멤버인 '거의없다'와 오창석 평론가는 특별했다. 특유의 미성을 가진 영화 유튜버 '거의없다'는 자신을 의도적으로 드러내지 않으면서 대화 상대와 공명할 줄 안다. 물론 욱하는 기질 때문에 가끔 잔사고가 나기도 하지만, 그는 대화할 줄 아는 사람이다.

오창석 평론가는 특별한 사람이다. '거의없다'보다 나이는 어리지만 그는 어른스럽다. '거의없다'의 욱하는 기질을 양치기 개처럼 특유의 순발력으로 자연스럽게 견제했다. 또 기세가 있다. 나는 이 친구의 기세를 특히 좋아한다.

기추자는 총명하다. 저마다의 상황에 자신의 위치를 영점 조정하는 능력이 탁월하다. 그리고 무엇보다 상냥하며 동시에 거칠다. 총명함에서 오는 사려 깊음이 있다. 레거시 미디어 출신인 최형진 씨는 착하고 성실하다. 레거시 미디어의 틀에서 벗어나니 그 착함이 직설적으로 투영된다. 그래서 보는 사람을 마음 편하게 한다.

그 외에 앞차기 멤버는 아니지만 오윤혜 씨의 독특한 매력은 방송을 보면 알 수밖에 없다. 아직도 오윤혜 씨의 매력을 모르는 분이 계시다면, 그저 방송을 몇 번 보시면 알게 된다. 뉴스 브리핑을 맡았던 헬마우스 임경빈은 우수하고 성실하다. 우수함과 성실함을 같이 갖춘다는 것은 대단한 미덕이다. 그래서 그가 자기 방송에 전념하겠다며 하이킥을 떠났을 때 아쉬웠다.

나는 이들과 대화하는 것이 즐겁다. 본방송에 들어가 2시간 동안 뇌를 풀가동 해야 하는 나에게 분명 앞차기는 '복지방송'이다. 하지만 '복지방송'이 가능하게 된 내 나름의 노하우도 없지는 않다. 나는 질문과 대화를 좋아한다. 그런 기질이 기자나 앵커라는 직업과 맞아떨어져 그럭저럭 성공적인 커리어를 쌓을 수 있었다. 〈시사매거진 2580〉에서 '인터뷰' 코너를 진행해 한국방송대상을 받기도 했고, 〈뉴스외전〉과 '외전의 외전'을 진행하며 나름의 성과를 냈다고 자부한다.

하지만 젊은 친구들과의 대화에는 나 나름대로 다른 노하우가 있다. '가르치려 하지 말라'는 것이다. 그 밑바탕에는 나 자신에 대한 솔직함이 있다. 내가 20대 때 품었던 삶의 근원적 의문에 대해, 나는 지금 몇 발자국이나 더 해답에 다가갔을까? 자신이 없다.

물론 나이와 지위가 쌓이면 높은 위치에 앉아 바라본다는 점에서 젊은 사람보다 많이 보이는 부분도 있을 것이다. 그래서 그 위치를 자신의 자아와 동일시하는 경우가 종종 있다. 하지만 착각이다. 이런 경우 위치가 바뀌면 자아는 쪼그라들고 시야는 다시 좁아진다. 성찰이 없으면 자아의 성장은 없다. 아니 성찰이 있어도 인간의 성장은 정말 더디다. 성인이 된 뒤 1년에 1mm만 성장해도 엄청난 성찰의 방증이다.

윤석열 씨가 검찰 요직에 있을 때 그는 두세 시간

을 거의 독무대처럼 홀로 떠드는 경우가 잦았다고 한다. 이런 자리에 있던 후배 검사들과 심지어는 그 부인들까지 윤 씨의 단독 리사이틀에 흠뻑 빠져 시간 가는 줄 모르고 경청했다고 한다. 진심이었을 것이다. 윤 씨의 권력과 그의 실체를 동일시하면서 그 헛소리에 가까운 장황함이 재밌게 느껴지고, 심지어는 달변에 매료됐다고 느끼는 사람들도 있었을 것이다.

높은 곳에 앉아서 내려다보면 자연스레 전경이 보이는 것을 자신의 식견이 높은 것으로 착각하는 자들이 많다. 진정한 식견은 내려다볼 때 생기는 것이 아니라 보이는 것을 보이는 대로 보려고 성찰할 때 생겨나는 것 아닐까? 지금 윤 씨가 기거하는 곳에 면회를 가서 단 5분이라도 의미 없는 그의 장광설을 경청할 후배 검사는 몇 명이나 있을까? 문득 궁금해진다.

〈뉴스 앞차기〉 1주년 기념으로 모인 멤버들.
초기 멤버와 현재 멤버들이 함께했다.

기계적 균형은 없다

오늘은 진보를 칭찬하고 다음 날은 보수를 칭찬한다. 이런 산술적 중립을 '공정한 언론'이라고 생각하는 사람들이 적지 않다. 옳고 그름이 분명한데도 공정하고 싶다는 자기기만 속에 양쪽에 시비를 나눠준다. 계엄을 거치며 내란혐의자들에게 자신의 정당성을 주장하는 방송을 50% 보장해 주라며 윽박지르던 정부 기관도 있었다. 나는 공평하게 보이기 위해서 무조건 까는 모습을 보여줘야 한다는 강박을 별로 좋아하지 않는다. 기계적 중립은 옳지 않은 쪽의 손을 들어주는 것이다.

계엄 문제를 예로 들어보자. 계엄에 찬성하는 사람들의 말을 절반 들어주고, 계엄에 반대하는 사람들의 말을 절반 들어준다면 이런 식의 기계적 중립은 과연 정상인가? 질문을 통해 계엄에 찬성하는 사람들의 허구적·모순적 논리의 오류를 낱낱이 드러내도록 하는 것이 정상적인 것 아닌가? 잘못된 생각을 하는 사람들의 입을 막을 필요는 없지만, 대신 질문을 끊임없이 던져야 한다. 나는 질문을 통해 잘못된 것이 잘못됐다는 걸 드러내고 시청자들과 공감하고 싶었다.

계엄 직후 국민의힘 계열 패널들이 가장 많이 주장한 것은 "계엄은 잘못됐지만 야당의 행위가 이러저러해서 어쩔 수 없었다"는 식의 논리였다. 이들을 상대로 끝없는 질문을 던졌다. 야당의 합법적인 행위를 과도하다고 비난하며, 계엄이라는 최악의 불법적인 행위를 한다는 것, 그걸 찬성하느냐 물으면 결국 답이 막히게 돼 있다. 내가 말을 잘해서 질문으로 그들의 논리를 부수는 것이 아니라, 잘못된 입장이기 때문에 그들의 논리가 막히는 것이다.

MBC는 윤석열 정부 내내 황당한 공정성을 요구받아 왔다. 이른바 공정성 조항이다. 여당 패널을 한 명 인터뷰하면 야당 패널을 한 명 인터뷰해야 하고, 인터뷰의 할당 시간도 기계적으로 비슷해야 했다. 여기서 그치지 않는다. 앵커의 태도까지 문제 삼는 경우도 있었다. 왜 야당 패널의 발언에는 공감하면서 여당 패널의 발언은 공격적 질문을 하는가? 이런 식이었다.

이런 식의 기계적 균형이 가능하겠는가? 또 가능하다고 해도 바람직한가? 만약 이것이 바람직하다면 앵커가 왜 필요하겠는가? 그냥 여야 패널 한 명씩 불러다 정확히 초 단위까지 똑같이 시간을 주고 발언하게 하는 바둑대국의 '계시원'을 두는 것이 낫지 않겠는가? 기계적 균형은 옳지 않은 쪽의 편을 드는 것이다.

나는 언론의 공정성을 물리적 현상인 '무게중심'에 자주 비유한다. 기계적 중립은 위치상 대략 중간쯤을 눈대중으로 판단해 거기서 이쪽저쪽 애기를 편하게 하는 것이다. 반면 무게중심은 비판에 있어서 가치의 가중치를 줘야 한다는 얘기다.

유튜브와 같은 플랫폼에서 검색해 보면 '균형 예술'이라는 동영상이 많다. 언뜻 보기에는 균형이 전혀 맞지 않는 것 같은데, 그 조합이 놀라운 균형을 이루면서 넘어지지 않는다. 반면 대충 여기가 중간쯤이겠지 하고 물건을 세우면 반드시 넘어진다. 이와 마찬가지로 언론의 공정함이란 옳은 쪽, 정의로운 쪽, 약자 쪽으로 균형점을 옮기고, 옳지 않은 쪽, 강자의 쪽으로 비판의 균형점을 옮겨야 전체적으로 무게중심이 맞게 되고 그 사회가 균형을 이루고 제대로 서 있을 수 있다.

지난 정부는 온 국민에게 '바이든'을 '날리면'으로 들으라며, 듣기평가를 강요했다. 이토록 편향된 사람들이 '공정보도'라는 미명하에 옳지 않은 쪽으로의 중립을 강요해 왔다. 편향성 문제는 그걸 바라보는 시각에 따라 편향된다고 보는 사람도 있고 그렇지 않다고 보는 사람도 있을 수밖에 없다. 다만 '틀린 팩트는 없는가?' '뉴스 진행자가 옳다고 생각하는 방향에 다수의 시청자가 공감할 수 있는가?' '또 사회의 발전에 도움이 될 것인가?' 등의 평가가 중요하다고 본다.

모든 사람이 공정하다고 생각하는 프로그램은 있을 수도 없고 바람직하지도 않다. 나는 〈권순표의 뉴스하이킥〉에 대해 공정하다고 느끼는 청취자가 다수이고, 편향됐다고 생각하는 청취자가 소수일 것이라고 확신한다.

내가 경계하는 또 하나의 오류가 있다. 나도 젊은

시절 비슷했지만 이른바 스스로 정의롭다고 생각하는 기자들이 빠지기 쉬운 오류다. 기자들은 '왜 비판하지 않느냐'는 비판을 굉장히 두려워한다. 예를 들어 전 정부를 비판해 왔으면 이번 정부도 비판하는 모습을 보여야 굉장히 공정해 보일 것이라는 강박이 있다. 정의롭게 보이기 위해서는 이른바 '모두 까기'를 해야 한다는 강박.

나는 더 이상 동의하지 않는다. 비판의 강도는 옳지 않음의 강도에 비례해야 한다. '50보, 100보. 그게 그거다'식 보도는 옳지 않다. 50보와 100보를 동일 선상에서 비판하면 100보 잘못한 사람을 두 배 편드는 셈이다.

나는 공평하게 보이기 위해서 무조건 까는 모습을 보여줘야 한다는 강박을 별로 좋아하지 않는다. 기계적 중립은 옳지 않은 쪽의 손을 들어주는 것이다.

정의로운 기자가 되고 싶었던 그들이 믿었던 것

지난 2019년 문재인 전 대통령이 조국을 법무부 장관 후보로 지명했다. 그때부터 윤석열 검찰총장이 이끌던 검찰의 사냥이 시작됐다. 팩트는 중요하지 않았다. 검찰이 흘리면 그것이 팩트였다. 조국은 검찰 개혁파의 상징이었다. 문재인 전 대통령은 취임 이후 윤석열이라는 망나니 칼을 사용했다.

맨 처음 그를 기용할 때 그 위험성에 대한 여러 경고가 있었지만, 문재인 전 대통령이 그를 기용한 것은 몇 가지 이유가 있었다. 내가 직접 당시 청와대 관계자에게 취재한 얘기에 따르면 그중 가장 중요한 요인은 검찰개혁에 대한 의지였다고 한다.

윤석열을 제외한 모든 후보가 검찰개혁에 대해서 미온적이었다고 한다. 윤석열은 면담할 때는 물론이고, 간접적으로도 검찰개혁의 필요성을 강변하고 다니는 유일한 후보였다고 한다. 물론 목적을 위해서는 어떤 거짓말도 서슴지 않는 그의 성정을, 당시 청와대 관계자들은 제대로 파악할 수가 없었던 것으로 전해진다.

문재인 정권에 기용된 윤석열은 이른바 '적폐청산' 작업을 거칠게 해냈다. 정치검찰 윤석열 사단은 권력의 사냥개에서 스스로 권력이 되어가고 있었다. 그러나 검찰개혁은 문재인 정부의 핵심 공약 중 하나였고 조국은 그 과제를 완성할 임무를 부여받으며 법무부장관에 지명됐다. 이때부터 윤석열은 돌변했고, 검찰의 대대적인 사냥이 시작됐다.

윤석열 당시 검찰총장은 "내가 이런 수사를 많이 해봐서 안다"며 조국의 혐의를 엄청난 권력형 비리라고 규정지었다. 연일 언론에는 조국의 권력형 비리가 대대적으로 보도됐다. 팩트에 상관없이 조국은 이미 중대한 권력형 비리를 저지른 범죄자가 돼 있었다. 사모펀드 의혹, 청와대 특별 감찰반 감찰 무마 관련

직권남용 혐의…. 그러나 마구잡이식 사모펀드 수사는 법정에서 인정받지 못하고 기소조차 되지 않았다.

이런 권력형 비리에 대한 수사에 아무런 진척이 없자, 그다음 전개된 일은 우리 모두 봐온 일들이다. 조국 가족 전체에 대한 도륙이 시작됐다. 권력형 비리를 입증하지 못한 검찰의 선택적 수사는 국민감정을 도발할 수 있는 입시비리로 옮겨갔다. 표창장 위조, 장학금 부정 수수, 허위 인턴십…. 검찰은 광기에 가까운 폭력적 수사를 이어갔다. 검찰의 전략은 적중했다.국민적 분노 속에 조국 일가는 갈가리 찢겨 나갔다. 조국은 징역 2년이 확정됐고, 교수였던 부인은 3년을 교도소에서 보냈다. 그리고 의사였던 딸은 고졸이 되었다.

그러나 대법원 확정판결 뒤에도 주요 진술이 오염됐을 가능성이 크다는 여러 정황은 지금도 노출되고 있다. 핵심 증인 중 한 명인 최성해 동양대 총장은 수시로 자신의 발언을 번복하거나 부인했고, 조국 딸이 서울대 세미나에 참석하지 않았다고 일관되게 증언했던 딸의 동창은 SNS를 통해 조민이 세미나에 참석한 것이 맞다고 진술을 번복하면서, 자신의 증오심과 편견에 의한 보복 심리로 인해 거짓 증언을 했다고 고백하기까지 했다.

조국 사태를 지켜보면서 내가 의아해했던 이상한 현상 중 하나는 이것이다. 조국 가족의 유복한 환경을 경험해 보지 못했을 서민들의 분노보다, 이른바 이 사회의 기득권이라 분류되는 사람들이 조국에 대해 훨씬 더 큰 '증오'를 표출했다는 점이다. 가장 맹렬한 증오를 표현했던 사람들 중에는 적어도 교육 관련하여 조국 일가가 받고 있는 혐의가 모두 진실이라고 가정해도, 더 하면 더 했지 덜 하지는 않았을 사람들이 많이 포함돼 있었다. 조국을 사납게 비판했던 사람들 중 이른바 권력에 가까운 사람들을(조국을 수사했던 검찰을 포함해), 조국 일가를 수사한 폭력적 방법으로 수사하면 어떤 결과가 나올지 나는 상상해 보곤 했다.

정치검찰은 권력의 시녀에서 스스로 권력이 되었다. 기소권과 수사권을 모두 가진 검찰은 국민을 상대로 무슨 짓이든 가능하다는 것을 명백히 보여줬다. 검찰이 좌표를 정하면 혐의가 있건 없건 누구든 수사할 수 있다는 것을 보여줬다. 검찰개혁의 필요성은 윤석열 정권을 거치면서 더욱 명백해졌다. 검찰이 기소권을 독점하고 있기 때문에, 누군가 아무리 큰 죄를 지어도 검찰은 덮어줄 수 있는 독점적 권력을 가지고 있었다. 김건희 씨의 사례가 이를 극명하게 보여준다.

또한 조국 사태를 통해 검찰은, 국민에 의해 선출된 대통령이 인사권을 행사하기 위해서는 검찰의 허락을 받아야 한다는 점을 분명히 했다. 검찰이 극구 반대하는 인물을 대통령이 쓰려고 하면, 검찰은 그 인물은 물론 가족까지 몰살시키는 것이 가능하다는 것을 적나라하게 보여줬다.

조국 사태는 언론에도 큰 시사점을 준다. 조국 사태는 이른바 '정의로운 기자'가 되고 싶은 집단의 내부 갈등을 초래했다. 조국 사태 초기, 검찰은 연일 조국과 관련된 혐의사실을 언론에 흘리고 있었다. 나를 포함한 어떤 기자들은, 과연 검찰이 연일 흘리는 혐의를 중계방송하듯 받아 기사를 쓰는 것이 과연 바람직한가 하는 의문을 가지고 있었다.

그러나 순수했던 다른 기자들은 이런 태도를 비판했다. 박근혜 정부를 맹렬히 비판했던 당신이 왜 문재인 정부의 비리에 대해서는 다른 잣대를 들이대냐는 것이었다. 진보정권의 권력에 대해서는 눈치를 보냐는 취지였다.

오해받기 싫고 사람 좋았던 기자들은 이 순수파의 주장에 주춤주춤 물러서는 경우가 많았다. 조국 사태가 꽤 진전된 뒤 나는 〈뉴스외전〉의 앵커를 맡게 됐는데 나는 순수파 후배들을 설득하고 싶었다. 나는 정치검찰의 불의가 100이라면 조국의 불의는 1이라면서, 비판은 불의에 대한 비례의 원칙에 따라야 한다고 주장했다. 즉 조국을 1만큼 비판하면 정치검찰에 대한 비판은 백배가 이뤄져야 한다고 주장했다. 그리고 검찰이 흘려주는 정보가 모두 팩트일 거라고 확신하면 안 된다는 주장도 했다.

마지막으로 이런 질문도 했다. "불법적·폭력적 수단으로 드러난 사실에 대한 보도 자체는 문제가 없는가?"하는 부분이다. 예를 들어 어떤 연예인에게 앙심을 품은 폭력배가 그 연예인의 집에 폭력적으로 난입해 탈세 자료를 확보한 뒤 이를 언론사에 제보했다면, 우리 언론은 이를 보도해야 하는가?

좋은 기자가 되고자 했던 사람들 사이에 치열한 논

란이 계속되는 와중에 결과론적으로 언론은 정치검찰에 패배했다. 그리고 정치검찰의 우두머리인 윤석열 씨는 대통령이 됐다.

마녀는 어떻게 만들어지는가

내가 〈뉴스외전〉의 앵커를 맡고 있을 때의 일이다. 지금 생각해 보면 정말 어이없는 일이지만 윤석열 당시 대선후보는 '공정과 상식'을 내세우며 대권가도를 시작했다. 그러나 그가 검찰총장 시절 보여온 폭압적 행태와 후보 시절 증명한 기괴함과 무능함 때문에 나는 대통령 윤석열의 위험성을 언론인으로서 정말 진심으로 경고했다.

제20대 대통령선거에서 윤석열 씨가 당선됐다. 불과 0.73% 차이였다. 그러나 취임 후 윤석열 씨의 통치는 한 90% 국민의 지지를 얻은 지도자처럼 행동했다. 거침이 없었다. 문제는 그 거침없음이 부정적 방향이었다는 점이다. 극도의 무능과 폭압적 통치였다. 그

와중에 이른바 대장동 비리에 대한 윤석열 정치검찰의 2차 수사가 시작됐다. 안 그래도 무소불위의 권력을 휘두르던 검찰은 자신들의 수장이 대통령이 된 상황에서 브레이크 없이 질주했다.

내가 판단한 대장동 사건의 실체는 이러하다. 2010년 이재명 당시 성남시장은 대장동 개발사업을 100% 공공개발로 추진하려 했다. 그러나 국민의힘 측 시의회 의원들을 비롯한 반대에 직면한다. 이재명 시장은 완전한 공공개발 대신 민간과 공공이 공동으로 참여하는 방식으로 개발방식을 바꾸기로 한다.

그러나 고민은 이 개발로 인한 수익을 성남시가 얼마나 가져올 수 있을까 하는 부분이었다. 수익의 일정 비율을 환수해 오는 계약을 할 수도 있었지만, 이렇게 할 경우 민간업자들이 비용을 부풀려 수익을 거의 없다시피 하게 만드는 일이 많았고, 그래서 성남시 측은 수익에 상관없이 환수액을 확정해 받기로 하고 사업을 진행했다. 이후 개발 계획 변경을 통해 민간에 추가 부담을 늘리기로 하자, 민간업자 중 한 명인 김만배는 '강제 이익 환수', '공산당' 등의 원색적 표현을 쓰며 성남시를 비난하기까지 했다.

2025년 10월 31일 나온 1심 재판부의 판결은 이러하다.

“유동규 전 본부장 등이 개발사업으로 인한 초과이익이 발생할 가능성에 대해 적절한 검토를 하지 않고, 민간업자들의 요구사항만을 반영해 공사가 예상이익의 절반에도 미치지 못하는 1,800억 원대의 확정 이익을 거뒀다.”

재판부는 유 전 본부장이 이 과정에서 민간업자로부터 3억 1천만 원을 수수하고, 467억 원의 분배를 약속받았다고 판결했다. 또한 사업 방식을 결정할 때 당시 성남시장, 즉 이재명 대통령은 유 전 본부장과 민간업자의 유착이 어느 정도인지 모르는 상태라고 재판부는 보았다. 즉, 유동규가 민간업자에게 여러 편의를 제공하고 돈을 받거나 받기로 했다는 것이다.

대장동과 관련된 또 하나의 축은 바로 50억 클럽이다. 대장동 민간업자들에게 여러 도움을 주고 50억을 받거나 받기로 했다는 인물들이 거론됐다. 그 인물의 면면을 살펴보면 이재명보다는 윤석열에 훨씬 가까운 사람들이 많다. 법조 또는 정계 카르텔로 추정되는 구성원들이 다수다. 민간업자들은 이들에게 막대한 금품을 살포하고, 이를 통해 개발사업에 수반되는 각종 리스크를 관리하려 한 것으로 보인다.

그러나 윤석열 정권이 들어선 뒤 대장동에 대한 2차 수사에 나선 검찰은 이렇게 명백한 돈의 흐름을 쫓지 않고 진위를 가리기 힘든 말의 흐름을 쫓기 시작했다. 그 이유는 명백해 보였다. 이재명을 엮어 넣기 위한 의도 외에는 해석이 어려웠다. 검찰의 의도가 어떻게든 이재명을 엮어 넣기 위한 것이라면 검찰 입장에서 가장 바라던 수사결과는 이재명으로 흘러 들어간 돈을 밝혀내면 되는 것이었다. 그러나 아무리 먼지털이식 수사를 해도 돈의 흐름은 나오지 않았다. 그러자 말로 이재명을 엮어 넣으려는 진술 조작이 있었다는 의혹들이 불거지고 있었던 상황이다.

윤석열 검찰의 이재명 사냥은 여기가 끝이 아니었다. 상상할 수 있는 모든 행위로 범죄를 의심했고, 엮어 넣으려 했다. 예를 들면 성남시가 운영하는 성남FC라는 축구단이 있다. 시민구단이다. 이곳에 기업의 후원을 유치했다고 제3자 뇌물로 이재명을 기소했다. 시가 운영하는 축구단에 기업들이 후원을 했다고 시장을 제3자 뇌물로 죄를 물으려 한 것이다. 그러나 검찰력을 총동원한 사냥에도 이재명은 정치생명을 잃지 않았다. 그럼에도 불구하고 검찰과 이재명의 싸움을 이재명의 승리로 보기에는 상처가 너무 많다.

지난 대선에서 이재명 후보에 대해 물으면 뭔가 구린 게 너무 많다는 인상비평으로 적극적 지지를 유보하는 경우가 많았다. 검찰이 검찰력을 총동원해 잡아넣으려 했는데도 이재명을 잡아넣는 데 실패했으면, 없는 죄를 뒤집어씌우려고 했다는 해석이 합리적이지 않겠는가? 그런데도 상당수의 사람은 이재명을 지독하다고 했다. 검찰이 그렇게까지 노력했는데도 빠져나갔다는 것이다. 정치검찰의 사냥 기술은 이 정도로 집요하다. 사건의 실체와 상관없이 자신들이 만들고 싶은 이미지를 만들어 내는 것이다.

영원한 독점은 없다

여기에서 또 한 번 검찰과 언론의 관계를 들여다볼 수밖에 없다.

검찰을 전담해 취재하는 기자를 검찰 출입 기자라고 한다. 검찰은 과거부터 많은 기사가 양산되는 곳이기 때문에 검찰 출입 기자들은 조직에서 꽤 우수한 사람들로 구성된다. 그러나 나름 우수한 이 기자들이 검찰을 비판적 시각으로 보기는 쉽지 않다. 기자와 검찰 사이에는 정보의 균형이 현격히 비대칭적이다.

이런 이유로 상당수 검찰 기자들은 검찰에 쉽게 길들여진다. 검찰이 가진 무기는 정보다. 검찰 관계자라는 이름으로 한 언론사에 특종을 흘려주면 나머지 언론들은 이른바 '물'을 먹는다. 낙종을 하는 상황을 일

컨는 기자들 은어다. 물을 먹고 회사에 들어가면 쌍욕을 먹거나 적어도 기가 죽어 몸을 움츠리게 된다.

검찰이 어떤 비판적인 언론사를 제외하고 나머지 언론에 번갈아 특종을 안겨주면, 연속으로 물을 먹은 언론사 기자들은 검찰에 매달릴 수밖에 없다. 일종의 정보를 무기로 기자들을 인질로 잡게 되는데, 여기서 스톡홀롬 증후군과 비슷한 분위기가 생성된다. 검찰 입장에서 사안을 바라보게 되는 것이다. 그리고 검찰 고위관계자가 젊은 기자를 개인적으로 불러 아주 은밀한 얘기를 해주는 것처럼 몇 마디 흘려준다. 그러면 기자는 검찰의 시각에 동의하는 것을 넘어 전체적인 판을 그리는 설계의 동반자처럼 자신이 고양됨을 느끼기도 한다.

정치부 기자들의 경우 공개된 팩트를 해석해야 하는 경우가 많아서 취재원과의 관계에 있어서 약간 다른 양상을 띠게 된다. 이런 이유로 검찰은 여론전에 있어 늘 갑의 위치에 선다. 일단 갑의 위치를 점하면 여론 조작은 간단하다. 팩트 여부를 떠나 검찰의 시각에서 유리한 내용을 검찰 관계자라는 이름으로 각 언론사에 적절히 흘리면 특종 경쟁에 불이 붙는다.

재판이 시작하기도 전에 검찰이 지목한 인물은 사회적으로 죽음을 맞이한다. 논두렁에 고가 시계를 버렸다는 노무현 전 대통령에 대한 비열한 이미지 조작을 기억하지 않는가? 꽤 우수하다고 평가받는 후배가 과거 검찰 기사에 대해 대화할 때면, 검찰의 시각에서 한 치도 벗어나지 못하는 모습을 보고 의아했던 기억이 지금도 있다.

수사권과 기소권을 가지고 스스로 권력이 돼 버린 검찰이 스스로 개혁하는 것이 불가능하다는 것은 이미 논란의 여지조차 없는 일이 돼 버렸다. 해답은 역시 수사권과 기소권의 완전한 분리일 것이다. 과거 언론을 보면 검찰개혁의 해법을 짐작할 수 있다.

내가 MBC에 입사한 95년은 언론의 새 역사가 막 태동하고 있는 시점이었다. 그전까지 언론의 모습은 지금 검찰의 모습과 상당히 유사한 부분이 많게 느껴졌다. 몇몇 언론사들이 정보의 유통을 독점하고 있었다. 그들이 쓰지 않으면 세상엔 원래부터 없던 일이 됐고, 그들이 쓰면 별것 아닌 일도 사건이 됐다.

언론사의 기세는 막강했다. 전화 한 통이면 고위공직자들도 벌벌 떨었다. 언론사 간부들은 공직자들의 인사를 좌지우지할 수도 있었다. 옛 시절 언론에서는 이런 말이 있었다. 기자는 누구를 잘 되게 하기는 힘들어도, 안 되게 할 수는 있다는 기자들의 작은 악행은 오히려 낭만적 기개로 회자되고 장려됐다.

젊은 기자가 맨 처음 수습 교육을 받을 때 잠도 자지 못하고 경찰서를 돌아다니는 수습생들에게 선배들은 "내일 아침 서장실로 쳐들어가라! 그리고 절대 손으로 문을 열지 마라. 발로 문을 박차고 들어가 서장 나와!" 이렇게 소리를 지르라고 말했다. 물론 농담 반 진담 반의 얘기였지만, 꼭 농담도 아니었고 실행에 옮기는 기자들도 없지 않았다.

당시 나는 동기 중 가장 나이가 많은 축에 속해 있었고, 가장 젊은 친구들과는 다섯 살까지도 차이가 났다. 물론 나는 서장실 문을 박차는 행동을 하지 않았지만, 도덕심에서라기보다는 심약하고 나서기 싫어하는 성정 때문이었을 것이다.

어쨌든 그중 가장 어렸던 동기 여기자가 내게 울상을 하며 말했던 기억이 지금도 생생하다. "오빠, 나 무서워 죽겠어!" 막 대학을 졸업한 책상물림이 홀로 경찰서를 헤집고 다니려니 왜 두렵지 않았겠는가? 당시 험한 입은 기자들의 상징처럼 느껴지던 시대였고 나 역시 예외가 아니었다. 그래서 이 동기에게 이렇게 대답했던 기억이 아직도 선명하다. "임마, 나도 무서워!" 둘은 깔깔 웃었고, 그 친구는 그다음 날부터 욕을 입에 달고 살았던 기억이 있다.

내가 이 오랜 기억을 끄집어낸 것은, 이 당시부터 언론 환경이 급속히 변화하기 시작했기 때문이다. 그 배경에는 인터넷이 있었다. 인터넷이 보편화되면서 정보의 유통은 더 이상 언론사들의 배타적 기능이 아니었다. 누구나 정보를 유통할 수 있게 되면서 동시에 언론의 독점적 권력도 약화됐다. 인터넷 신문이 난립하면서 물론 부작용도 적지 않았지만, 분명한 것은 언론사가 써야지 무엇인가 존재하는 시대는 막을 내렸다는 점이었다.

그리고 언론사에 대해서, 또 기자에 대해 누구나 공론의 장에서 비판이 가능해졌기 때문에 잘못된 보도나 잘못된 행위를 하면 혹독한 비판을 받을 각오를 해야만 했다. 이 비판은 언론 상호 간에도 시작됐다. 한 언론사는 더 이상 다른 쪽이 언론사라고 해서 눈감아주지 않았다. 오히려 자신과 견해가 다른 언론사의 기사나 기자에 대해서는 필요 이상의 비판도 서슴지 않았다. 이런 과정을 거치면서 언론은 정상화의 과정을 겪어나가고 있었다.

검찰도 마찬가지 길을 가게 될 것이다. 서로가 서로를 더욱 가혹하게 수사하고, 수사해야만 할 일을 덮는지, 혹은 수사를 안 해도 될 일을 억지로 수사해 괴롭히는지, 수사가 제대로 됐는데도 기소를 하지 않는지, 혹은 엉망으로 수사해 놓고 괴롭히기 위해 기소하는지 서로가 서로를 감시하게 될 것이다. 그것이 바로 검찰의 정상화일 것이다. 검찰의 수사권과 기소권을 완전히 분리하고, 수사의 주체도 여러 갈래로 나누면, 검찰도 언론과 같은 정상화의 길을 가게 될 것이다.

피렌체의 식탁과 인터뷰하는 모습.
비판하지 않는다는 비판이 두려워
오류에 빠지면 안 된다는 것이 나의 생각이다.

에필로그

기자 생활을 처음 시작하고 나서 가장 두려웠던 순간은 이른바 '중계차'를 탈 때였다. 중계방송차량과 장비를 사건 사고 현장에 가지고 가서 기자가 생방송하는 것을 방송가에서는 '중계차를 탄다'는 관행어로 표현한다. 수습이 막 끝나고 본격적인 사회부 기자 생활을 시작한 뒤 나에게 중계차를 타야 할 때는 정말 대단한 중압감으로 기억된다.

익숙하지 않은 취재와 익숙하지 않은 기사 쓰기만 해도 부담감으로 밥이 넘어가지 않을 지경인데, 이를 생방송해야 한다는 극심한 긴장감까지 더해지면 정말이지 어디로 도망을 치고 싶어졌다. 물론 취재와 기사 쓰기 경험이 쌓인 뒤에는 이 부담감이 조금은 줄어들었지만, 중계차를 탈 때 그 공포에 가까운 긴장감은 쉽게 사라지지 않았다.

그 후 오랫동안 앵커라는 직책을 가지고 살아왔다. 같은 생방이지만 앵커로서의 긴장감은 현장에서 중계차를 탈 때의 긴장감과는 색깔이 약간 다르다.

인생은 언제나 양가적이다. 젊은 기자 시절 가장 고통스럽게 기억됐던 그 중계차를 타던 때가 꽤 근사한 추억으로 기억된다. 그 미칠 듯한 긴장감이 흥분으로 기억되고, 긴장이 해소됐을 때의 속 시원함이 쾌락으로 기억된다.

책을 쓰자는 출판사의 요청을 받아들이고 나서, 한 권의 책을 마치다 보니 또다시 양가적 감정이 고개를 든다. 쓴다는 것의 괴로움을 다시 한번 절실히 느꼈다. 에세이를 쓰는 것은 기사를 쓰는 것과는 다른 괴로움이었다. 하지만 동시에 다시 한번 깨달았다. 내가 무엇인가를 쓴다는 것을 즐기고 있다는 것을….

또한 독자들에게 나와 얘기 좀 하자고 부탁하는 것이 쑥스럽고 민망함과 동시에, 나의 중얼거림을 어떻게 받아들일까? 궁금함이 용솟음친다.

정말 귀한 시간을 할애해 나의 잡담에 귀 기울여 준

독자들께 감사드린다. 독자들이 이 한권의 책 중 한 두 줄이라도 나와 어깨동무하고 싶은 문장을 만났으면, 더할 나위 없이 영광이다.

2026년 첫날

권순표

오늘은 괜찮은 하루

길을 찾는 사람의 일상과 시선

초판 1쇄 발행 2026년 1월 28일
초판 3쇄 발행 2026년 3월 3일

지은이 권순표
펴낸이 김현종
기획총괄 배소라 **출판본부장** 안형태
편집 최세정 진용주 황정원 김수진 장진경
디자인 조주희 김연주 **마케팅** 김예리 신잉걸
방송사업·미래전략본부 정태준 문상철 이주리 백범선 남궁주철 김대준

펴낸곳 (주)메디치미디어
출판등록 2008년 8월 20일 제300-2008-76호
주소 서울특별시 중구 중림로7길 4
전화 02-735-3308 **팩스** 02-735-3309
이메일 medici@medicimedia.co.kr **홈페이지** medicimedia.co.kr
페이스북 medicimedia **인스타그램** medicimedia
유튜브 medici_media

ISBN 979-11-5706-525-7 (03800)